我的青春我的梦

全国中学生校园美文精品集萃丛书

那时云淡，碧天如水

路过青春，路过你

《中学生博览》杂志社 选编

时代文艺出版社

图书在版编目（CIP）数据

路过青春，路过你/《中学生博览》杂志社选编. —长春：时代文艺出版社，
2018.8（2023.6重印）

（"我的青春我的梦"全国中学生校园美文精品集萃丛书）

ISBN 978-7-5387-5676-0

Ⅰ.①路… Ⅱ.①中… Ⅲ.①作文－中学－选集 Ⅳ.①H194.5

中国版本图书馆CIP数据核字（2018）第000193号

出 品 人	陈 琛
产品总监	郭力家
责任编辑	曾艳纯
装帧设计	李 斌
排版制作	隋淑凤

路过青春，路过你
《中学生博览》杂志社 选编

出版发行/时代文艺出版社

地址/长春市福祉大路5788号 龙腾国际大厦A座15层 邮编/130118

总编办/0431-81629751 发行部/0431-81629758

官方微博/weibo.com/tlapress

印刷/北京一鑫印务有限责任公司

开本/700mm×980mm 1/16 字数/153千字 印张/11

版次/2018年8月第1版 印次/2023年6月第6次印刷 定价/34.80元

图书如有印装错误 请寄回印厂调换

编　委　会

目 录

001

路过青春，路过你

　　你时而背对我，时而望向对面教室，又好像发现有人在看你，然后用余光瞥了我一下，又在一秒后收回残留的余光，消失在上课铃中。我既期待你能发现我在注意你，又害怕与你目光相撞。这大概是暗恋的感觉吧，美好却害怕。

路过青春，路过你

木 欠

1

第一次见到你是在运动场彩排《青春梦飞扬》的时候，那时，我站在台下看着你们摄影社的走秀。一脸木然的你很不自然地向前跨步，站我旁边的那堆男的，似乎是你的小伙伴，一边大笑一边用调侃的普通话喊道："家浩，家浩……"然后你笑了，笑得那么有喜感。

第二次见到你是校运会那时，刚跑完八百米的我，两腿发麻，越过问候我的人，艰难地钻进被里三层外三层的人包围着的跳高区，一钻进去便看到了有个男的戴着眼镜跳高，但没过。那时，我对你的印象并没有很深，只是觉得好奇怪。

两次我都不知道那个是你，第三次是我去找你的时候，那应该算是我们真正的见面。因为查班遇到了问题，作为班长和A层干部的我找到了当周值周的你：21班，谭家浩。刚下早读，我就赶到你班，你一出来我就迫不及待地说出我的问题。而你一口普通话让我注意了你，因为我们当地人很少说普通话，而且是第一次见面时。

偏瘦的你有着偏黑的皮肤，鼻梁上架着一副眼镜。你并没有很高，一米七几吧，我却一直处于微仰头状态，有种奇怪的感觉悄然爬上心头，是一见钟情吗？

于是，借着这个问题，我向你班某个男生拿到了你的QQ，开始接触你，我借口检查工作向你发起聊天，然后转移话题来得知你的生活：如我所想，你并不是本地人，而是从海南回来的，所以你只会说普通话。你每天都会在"食得好"饭堂吃饭，那是我回宿舍必经的地方，我开始窃喜。偶尔看到你在线，我会瞎找些话题和你闲聊。而后，又发现找不到话题了。

2

喜欢都是从好感转化来的。遇见一个人，我们往往很容易从外貌上判定一个人，从而断定他在你心里的好坏。而你，谭家浩，并不出众的外貌却在第一眼时烙在我心底了。你的教室在四楼，而我在五楼。最让我感到学校是个不错的地方，是因为我走出教室后门，便可看到偶尔出现在对面走廊与同学说笑的你。你时而背对我，时而望向对面教室，又好像发现有人在看你，然后用余光瞥了我一下，又在一秒后收回残留的余光，消失在上课铃中。我既期待你能发现我在注意你，又害怕与你目光相撞。

这大概是暗恋的感觉吧，美好却害怕。多次，数学科代表看到站在走廊的我，都想拉着我冲下去找你，但没有成功，因为没有什么理由可以找你。

3

A层干部名单上并没有你的名字，但轮到你班巡查时，你却出现了。如往常一样，每到特定时间，我都习惯性回头看有没有人来检查。你在教室后面来回走了两下就出去了，我又好奇又吃惊，还没反应过来，你已经到另一班了。其他班的人至少都会绕教室走一圈，然后抓着某些问题来盘问我，才慢慢地退出教室。你的行为让我自觉地认为你是在害羞。

再次等到检查时间，我透过窗户偷偷地看着你和另一个人从楼下走上来，然后，故作镇定地写作业。你不像上次不到一分钟就走出去，而是径直走向我，用一腔掺杂着本地口音的普通话说："班长，下次后门再关着就要扣分了！"然后潇洒地离开。数学科代表听到后略带激动地说："啊，你男神要扣我们班分了！"不得不说，寂然无声的教室回响着这句话，我的脸"刷"的一下就红了，满脸黑线，淡淡地说："还没扣，还没扣……"

你班来检查的人换来换去，你只是偶尔来几次，于是我半开玩笑地跟你说这件事，你回了："天冷，大家都不想动。"此后，再来检查的人中便没有你的身影。

4

我用悄悄话向你发了匿名表白，虽说是匿名，但也很明显。我想你应该猜得出是我。你没有接受，我也没有很失望，就像是已经知道了结果。就这样，我们不闻不问地过了寒假又回到学校。此时，已经是足球赛开赛之时。初赛就抽到了和你班踢，很显然，胜负是已经定的了。你班那么强，我班的男生也是被我说了几次才勉强参赛。

足球场上，你挥洒你的汗水，宽大的球服让你显得更瘦，但你越踢越猛，你班的士气越涨越高，毕竟是有体育生的班级。最后你班竟不小心把球踢到我班一女生脸上。赛后，我和副班长到另一边看球赛，你也在。你看到我，很不自然地走过来向我慰问那女生，我紧张到舌头打结似的，普通话也变得不标准了。不知从哪来的勇气，我愤愤不平地向你抱怨，敲打着你的肩膀，你笑嘻嘻地说你也没办法。其实我也为你高兴，真的。

我班的球赛在第一周就结束了，可是我还是拉着副班长和阿孙一下课就跑去看在球场中央飞奔的你，我相信你班一定能进八强，乃至三强。我看见你中场被换下来，阿孙告诉我你下场了。"嗯，我看到了，抽筋了吧。"我假装淡定地说。看着你一个人默默地下场了，看不到你的表情，你一定很痛苦，至少我是这么想的。

　　突然间，我希望你班能在这场败下来，这样你就不会再受伤，也不会感到有压力。可事实恰恰相反，你班以一分之优势进入半决赛。你的每一场球我都去看了，但我不敢靠近你，因为我害怕。害怕你发现，又害怕你没发现。

　　最后一场，你班争三四名。你自己坐在一边，我站在离你仅有五米的身后。副班长和阿孙发现我在看着你，两人竟不约而同地把我往你那边拉。其实我也很想坐过去，可是身体不听话，尽管她俩用尽全力拉我，我也死活不肯。最后，你站起来离开了。如果我有足够的勇气，我想我会坐过去，然后和你闲聊一番。可惜这只是如果。

5

　　很快，又轮到我班巡查，可是查班时戴的牌子我却找不到了。于是某天下午，我对刚刚来到座位的副班长说："下课和我去找谭家浩。"她十分诧异我说的话，并叫我再说一遍。我笑笑不语。

　　一下课，副班长就迫不及待地催我快去。你面带笑容走出来，我只是向你问了还有没有牌子，然后得到你简单的回答后，就带着副班长逃之夭夭。当天，我把许久没换过的个性签名换成"唯一一次可以理直气壮地去找你"。

　　也是从那天开始，我每天晚上给你发"晚安"，有时还夹着一些小情绪，你都没回。

6

日子一再逃走，我看着给你发的信息，另一边空荡荡的让人心凉。关上手机，我站在走廊上，数学科代表看到我，依旧会说同样的话，看到你时依旧激动地拉着我去看你。对面的你偶尔也会看上来，然后在一秒后又把目光收回去。

有很多想法堆在我脑里，突然想写一篇文章，关于你的。来告诉你，我路过青春，路过你。

难耐别离多

方 悬

1

幼儿园的时候，我是班里年龄最小的孩子，老师对我多有照顾，可是我却被同学们集体排斥了。比如说趁我不在的时候偷我的铅笔，在我的文具盒里放毛毛虫，扯我的头发等等。每天我都在学校里哭几次。

后来，班上转来一个男孩儿，时至今日我已经记不清楚他的模样，但他是唯一一个比我大还不欺负我的人，而且每次有人欺负我时，他都会站出来帮我。他年龄比其他人还要大一点儿，个子也高，小孩儿们都怕他，慑于他的威力，渐渐的没人敢欺负我了，而且他还任由我欺负他，现在看来那时的我真是太欠揍了。

后来幼儿园倒闭了，我们被送进了小学，小学里的孩子学得多，懂得多，而我们还是一群只知道吃玩的孩子。当老师在黑板上写下一个又一个陌生的偏旁部首时，小学的孩子们此起彼伏地回答着，而曾经耀武扬威的我们此刻伏在桌子上，噤若寒蝉。

优越感和挫败感鲜明地在我们身上体现出来。

他转学了。

我努力地学习，期末考试我考了第一名，超过了其他人。没有人再欺负我，相反，大家都想跟我一起学习跟我一起玩，聚集在我身边的人越来越多，我却始终想念当年那个帮我把文具盒里的毛毛虫丢出去的他。

2

那时候，道路还不够平坦，骑上自行车，一路颠簸到学校。手被不停颤抖的车把震得发麻，和同来的女孩儿停好自行车，搓着手走进教室。

她学习不好，老师总是提醒着她多向我学习。我从她那里得到了差生对好学生的崇拜，虽然现在我觉得好学生连个屁都不算。

有一次背诵《两小儿辩日》。老师说背不完不许走，大家都认真地背着，很快我背完了，紧接着越来越多的人到老师那里去背诵。教室里的人越来越少，而我在等她一起回家。

后来只剩下几个平常吊儿郎当的学生和值日生，还有她。

我着急回家看电视，但还是说着："别着急，慢慢背。"

老师写完了教案，就说："算了吧，明天背。"她就慢慢地收拾着书包，我看见有水珠砸落在她的手背上，一滴又一滴，渐渐地连成了串，她颤动着肩膀，最后不受控制地哭出声来。

我们推着车走在回家的路上，她一直在哭，对我说："我怎么那么笨啊，我怎么什么也做不好啊。"

我不知道该说什么，就听着她哭诉，陪着她推着车子，很累。在我快受不了的时候，她终于擦干眼泪对我说："咱们骑上走吧。"

她家住在河北，我家住在河南，一条不怎么清澈的河把这里隔成两地。

老师上课总是跑题，又一次说到河北。他说河北在他眼里落后又贫穷。

她气得不得了，握住拳头信誓旦旦地对我说："我一定要改变河北！"她的样子，我记得很清楚。

后来上初中了，我没有在新生群里见到她，她辍学了。

慢慢地我忘了她，新的生活新的朋友，旧的一切已经逝去。上地理课时，老师讲到中国地图，河北省河南省在我眼前无限地放大，我脑海里一下子浮现出她那张愤愤然的脸。

突然有点儿想念。

3

总觉得每一次升学，都会失去一个常常出现的人。可能小时候知道的少，少了一个人于我而言就像少了半边天一样。

渐渐地越长越大，身边的面孔变得越来越快，时间像快镜头一样让我身边的人们不断地向前走，走出我的视线，而我却被定了格。

有一个只教了我一学期的老师，她个子娇小，长得很美。虽然只教了一学期，却是高中第一个记住我名字的老师。我的历史成绩不好，她就经常提问我，可是我每次都回答得不尽如人意，但她却乐此不疲。

她告诉我，想帮我提高成绩，告诉我一定要努力。

后来她走了，晚自习轮到她查课的时候，我在最后一排伸长着脖子对她笑，她也隔着人群对我笑。

时间又把我定格，把她调成了快进。

4

她是我高中时期最好的朋友。她个子很高，坐在我旁边，遇光遮光，遇风挡风，她给我来自朋友的安全感。

同桌的时光很快乐，我们像双生儿般形影不离。和她一起，嘴角总是上扬的。她的朋友问她："你们俩有那么好么？"

她说："有啊。"

分班后，我的同桌换了人，我们准备了一个笔记本，有想说的话就写下来，下了课就去对方的班级，踮起脚来看看彼此在哪里。

我害怕失去任何一个朋友，可是现实总是不遂人愿，二人行变成三人行。误会，嫉妒，我们开始吵架，冷战。

可是她至今都不知道我那些生气的臭脸里都是难过。一起逛街吃饭的时间越来越少，说话的时间越来越少，见面的机会越来越少。

再后来，见她不说话了，不打招呼了，不发短信了，不见了。

高考如期而至，我们放肆地撕着书本卷子的时候，那场若有若无的青春也悄悄远去了。

至此，她已退出我的生命。

人这一辈子总要经历生老病死，花开到花落，春去到秋来，伴随着许多人在我的生命中张牙舞爪地出现，也伴随着许多人在逝去的时间里向我挥手告别。

这一世有太多相遇，亦有与之相对的别离。曾经重要的人一旦离开，就像在我的心上狠狠地插一刀，伤口愈合得很慢，我便一直伤悲，结痂了，想起来却还有些微疼。儿时的他，年少的她，帮助我的她，对我很好的她，轮流在我的记忆里出现，或是微笑着，或是哭泣着。

后来伤口多了，心也变硬了，相聚离别变得没有以前那么猛烈。

大抵我们都知道，把什么事看得越重，等离开的时候，我们就越难。我不知道我是不是该保持清醒，不去陷入过分热络的感情。

三毛说：我避开无事时过分热络的友谊，这使我少些负担和承诺。我不多说无谓的闲言，这使我觉得清畅。我尽可能不去缅怀往事，因为来时的路不可能回头。

都知相聚多难得，难耐别离多。

感谢你赠我一场空欢喜

硕 笙

四年了，见到苏宸我还是不能做到心如止水。刚刚的视线交会仅一秒钟，我和苏宸便反方向扎进熙攘的人群，渐行渐远。

四年前，我才初三，尚不懂得高考的紧张感，也没尝过失恋的滋味。那时的自己整日和身边的朋友嬉闹，每天两点一线，目标是中考，日子平淡而安逸。直到苏宸闯进我的生命，他让一个还未完全了解爱情的女孩儿措手不及。

那是一个普通的晚自习放学，我和小A在马路这头等着红灯切换为绿灯，苏宸骑着一辆红色山地车在马路对面出现。他隔着马路与小A打招呼，而后像发现新大陆似的眼前一亮，把目光转向我。在此之前，我从未在学校里遇见过苏宸，年级、班级、名字，我全都一无所知。

第二天，小A一来学校见着我便一脸坏笑地告诉我，昨晚马路对面骑着红色山地车的那个男生向他打听我的名字。此损友极其慷慨地如实奉告了我的个人信息，我顿时感到交友不慎是一种罪过。但也是因为这样我也才得以从小A嘴里得知苏宸也是初三，班级在我们楼下一层。

三天后的周六下午，我一打开QQ便收到一条请求添加好友的认证信息，验证信息栏里写着一句话：问你名字的那个人。我一愣，犹豫了一下点了"接受"。

011

路过青春，路过你

故事就此开始发展。苏宸大方地向我告白，在他以为他将以失败告终时，我点头说好。苏宸听后骑着他的爱车从我身边飞速而过，我正纳闷，一分钟后他又折回来出现在我面前。我看到苏宸时瞬间明白了原因，因为苏宸脸上是无法掩盖的兴奋与激动，他对我说明天见。

我还记得我答应他的那个夜晚水泥路面被路灯打上暖黄色的光，面前骑着红色山地车的少年单脚撑地，脸上的笑容熠熠生辉，晃花了我视力本就不好的双眼。

我们在一起后，每天清晨我来到学校时桌上都放着一瓶酸奶或是一瓶奶茶，摸起来还是温热的。在12月的寒冬里它们温暖了我的手和胃，连带着我的心一起坠入甜腻的幸福里，无法自拔。

苏宸并没有一双我所喜欢的修长的手，但他的字很工整；苏宸耐心给我讲题的样子，认真又美好；苏宸会在每天早上六点打电话叫我起床读书，我每天醒来听到的第一个声音就是来自他。苏宸不高不帅皮肤黢黑，但他成功地在我心里扎了根。我们的小幸福在旁人眼里明亮又刺眼，我从一开始的羞涩与不习惯到后来理所应当地接受苏宸对我的好。

我以为我们能这样一直度过中考然后上同一所高中，运气好的话还能被分配到同一个班，然后一起参加决定未来的那场考试。我以为每次吵完架苏宸都会回来哄我，我以为苏宸会一直在我身边，我以为苏宸对我说的话都是真的。我真的天真地以为我们可以到法定结婚年龄的那天，然后苏宸信守承诺向我求婚。

可是那时的我不知道当付出与回报不成正比时，总有一方会先喊累。这个人是苏宸。

那天晚自习放学后，苏宸还是像往常一样送我回家。只是回到家后，我却收到了他说分手的消息，猝不及防毫无准备。眼泪像洪水猛兽把我淹没，我抱着被子哭掉了半包抽纸。第二天顶着一双核桃眼去上学，头还隐隐作痛。

我才知道原来人的忍耐都是有限度的，是谁说梦碎的时候人会被疼醒。

那段时间我过得浑浑噩噩，眼睛红肿得不愿见人。身边的朋友尽自己最大的能力给我安慰和温暖，可我还是不开心。

我依然经常对着苏宸的QQ发呆，进他的空间看看他的近况，看着他慢慢从这段感情中成功脱身，而我却还在原地伤春悲秋。直到有一天苏宸消失在我的列表里，就这样，如初见般的突然一样，他走得亦不拖泥带水。

中考结束后，我和苏宸都上了同一所高中，没有分配在同一个班。后来，苏宸身边有了新的人，而我还是老样子。我能够从朋友口中听到他的只言片语，偶尔还会被他们开开玩笑，我从一开始的回嘴到如今的无可奈何。

我也还是会在人群里一眼找到苏宸，准确率百分之百，实在不像我这没上5.0的双眼能干得出来的事儿。我也知道放学后苏宸经常在球场打羽毛球，可是有一天他开始打起了篮球，我亦通通看在眼里，我分明记得以前他并不会篮球。

记得高一那段时间《分手合约》上映，我和小Q组队一起去看。可谁知我在影片才播到三分之一时就在昏暗的电影院里哭成狗，再也没停过。小Q坐在我左手边，被我吓得不轻。后来影片结束，头顶的灯陆陆续续亮了起来，我顿时觉得眼睛肿得难受，我想我当时一定像个红眼女鬼。走出影院门口时，小Q对我说了一句话，我至今仍记得。

她说，我再也不敢和你看电影了。

我硬忍着转头的冲动，同桌的话语犹在耳边，可我早已无暇理会。事到如今，我不得不承认我和苏宸是真的回不去了。我们背道而驰，在离开对方的日子里不断成长与改变，直到彼此都不再是对方记忆中的那个人。

"你又没有在听我说话对不对！"听到同桌徘徊在咆哮边缘的声音，我一个激灵，连忙否认。"喊，你以为我不知道你在想什么吗？他都已经向前走了，你怎么还放不下呢？"

是啊，我为什么还不放下呢，明明都已经不是一个世界的人了。

上了高中后的苏宸开始慢慢发光发热，他参加了各种活动，运动会、飙歌比赛或是竞选学生会全都有。每一次我都准时准点地去看，我记得每一次运动会我都特地找体委拿运动员名单一个个地找，最后把有苏宸号码的比赛时间铭记在心。我也记得高二下学期苏宸闯进飙歌决赛，他在台上一曲终了时，我在台下毫不犹豫地鼓掌。我看见他在台上把满含笑意的目光转向我，我知道当时的自己一定跟他的表情一样，亮晶晶的目光，笑容在脸上发烫。

所以我早该想到我日夜思念的少年，早已不是我记忆中的样子了。

毕竟我也在改变，就像丑小鸭要蜕变为白天鹅一样。只是我还在努力地蜕变，苏宸却已经学会飞翔。丑小鸭还是丑小鸭的时候是不适合与白天鹅站在一起的，所以白天鹅扑棱着翅膀飞走了，徒留丑小鸭在风中萧瑟。

四年了，我早该明白我和苏宸已经没有可能。在丑小鸭的蜕变过程中我就该放下了，然后努力让自己变为一只更好的白天鹅。

我想高考结束后如果还能在校园里遇到苏宸，我一定要大大方方地走到他面前，对他说一句毕业快乐。

我想这是给我这段感情最完美的告别，也是最好的结局。

那一定是一个艳阳天。阳光下，树影斑驳，风移影动，珊珊可爱。夏天炎热的风把这四个字送到苏宸耳边，他应该是会微笑的吧。嗯，他一定会微笑的。

不 只 梦 想

蒋一初

当我走到校门口时，学校大门紧闭。我慌张地看了看表——14：15，两点半考试，我并没有迟到。

"快回去吧，两天过后来考今天没有考的科目。"

教导主任正站在大门外通知与我一样茫然的学生，烈日下我能清楚地看见他顺着脸颊淌下来的汗水。一定是教育局下午要来检查了，学校终是害怕被摘掉"省示范"的牌子。

我哼了一个上扬的调子，踢着小石子往回走。我回家放下书包，背上轻便的单肩包又转身出门了。我的心里复活了几天前刚刚死掉的精灵，我已经很久没有过这样雀跃的感觉了。是的，我将奔赴一场对我而言很重要的聚会，在这个原本考试的下午。

我赶到麦当劳的时候大家正在闲聊，他们嘴角溢出的快乐浸满了比星星还美的字符。

"你来了啊！快来给我们照一张合影。"

尝试了几遍自拍后，我放弃了，我没有办法将自己与大家框在同一个画面里。我将自己移出镜头，按下快门后我拍下了大家的笑容，如果相机可以同时记录下声音，那么这张相片里一定有我的笑声。

这是我们在2014年最后一次聚会，或许也是最后一次人员最齐的狂欢。我们是初中同学，初中毕业很多年以后，我们从同学变成了朋友。

水禾是这次聚会的主角，过完了今天她就要去美国了，为了她的音乐梦。水禾有一头漂亮的长发，但再长也不能将太平洋两端的我们连在一起，分开以后也许就再也回不到从前了。我看着水禾有些矫情地想。

最初我与水禾的交集并不美满，我们针锋相对，又各自偷偷地流眼泪。温柔的水禾和乖巧的我曾经都互相讨厌过对方。

初中时刚刚发育，我的身体像正在发酵的面团，迅速地发胖。原本自信、爱笑的我变得自卑又敏感。别人的目光在我身上多停留一秒钟我都会觉得别人对我带着深深的恶意。似乎是感受到了我的抗拒与疏离，不太熟悉的人跟我说话总是小心翼翼的。渐渐地，我习惯了与别人保持很长一段距离，这让我觉得自己很安全。

这时候，水禾像一颗炸弹砸在我的生命里，把我小心保护起来的自尊炸成了一片焦土。

"猪！活猪！"

不知道从什么时候开始，水禾每次见到我都会叫我猪，然后旁边总有一群男生跟着起哄。他们都笑我胖。在水禾的眉目间，除了嘲笑我甚至还看到了一丝得意。我生气，气得发狂。

猪！

你就是一头活猪！

哈哈哈哈！

在我无数次警告水禾"再说一次试试"后，她依旧讽刺我是猪。我想我一定是被水禾气疯了，不然我也不会说出那样伤人的话。

我冲着水禾说："你知不知道单亲家庭的孩子不应该这么狂？早就看出来你没什么教养了！我不跟父母离婚的人说话！"

虽然周围没有人，我的音量也只有水禾一个人听得到，但我还是看到水禾神采奕奕的表情在一瞬间垮了下来。她迅速转身。狂奔。

晚上我的爸爸跟水禾的爸爸通了电话，他们是同学，生活中都彼此提及过，不然我是不会知道水禾父母离异的事情的。水禾的爸爸批评了水禾，我的爸爸对着我直叹气。后来爸爸跟我说那天晚上水禾一直在哭，我扯了扯嘴角却怎么也拉不成一个笑，我爸爸不知道那天晚上我坐在写字台前流下的泪水浸透了数学作业本。

水禾没有同我道歉，我也没有搭理过水禾，但日子久了谁也不记得是谁先向谁说话的。总之，后来我们成了很好的朋友，像我们的父亲一样。

水禾请我们吃饭，我们在饭桌上偷偷地拍水禾各种瞬间，然后笑成一片。我们喝着啤酒，细数过往。有些事情已经被我们聊过多次，但再说一回，就又被赋予了新的意义。聊着聊着就聊到了水禾，以及她的钢琴。

初三时水禾每个星期都要赶到武汉上钢琴课，水禾大量的精力都花在了钢琴上，但她从来没有说过放弃。在我们被试卷轮流打击时，水禾一边考试一边练琴，每晚都学习到深夜。那时候我没什么梦想，只是掰着手指算自己还有几天毕业，然后考一个凑合的高中继续念书。我不能理解水禾为什么要那么拼命，一点儿都不理解。

"考不上武音附中我就去死。"

水禾跟我说这句话的时候我正懒散地趴在桌子上，但我还是听到了水禾刻意拽去的末尾的那个哽咽的音。水禾带着极大的决心告诉我她的梦想。考不上就去死，我似乎也感受到了她压抑到极致的绝望。那是我第一次被水禾打动，因为水禾逐梦的热烈灼伤了我的手心，仿佛在讽刺我的漫无目的。那一次的疼痛生生地刻在了我的心里，我心疼水禾，也恼怒自己。

水禾没有死，她以全国第一的成绩考上了武音附中。

"哎，你当时考取的时候不知道有多少人羡慕！"

每次说到这一段我们都会感叹，我们好像都懂水禾的辛苦，但又觉得一点都不懂。我们谁都没有经历过，怎么去理解？

在武汉求学的三年打造了一个全新的水禾，水禾变得幽默、大方又有气质。临近高考，水禾原本打算保守一点儿，直接考本校，但在最后她选择了最具风险的路。

孤身一人去美国，念完本科和研究生再回国。

水禾终究是个有梦的人，她把自己的梦揉进了生命，走到哪里都要带着，甚至为了那个梦把自己安置在大洋彼岸。三年后我终于明白了这种感觉，梦想连着血脉筋骨，一个拉扯就会全身颤抖，但如何都不会割舍，因为那梦生在心脏里，放弃了它就放弃了生命。

我们都给水禾写了离别赠言，大家交换着看。当大家看完我写的，不停地赞扬。

"不愧是拿稿费的人，太牛了！"

这样的话我听过太多，但在这样的场合下我觉得有一点点的自豪，我终于离水禾近一点儿了。

大家都很惊讶我会复读，我也是。我的档案出了点儿问题，高考后不能被我已经考上的学校录取，我选择复读。

高三累，高四加倍辛苦，但我愿意。我愿意多等一年，然后带着我的写字梦走进我的殿堂。

把梦当做谋生的手段太难，但我坚持这样做。谁都可以不理解我，但水禾不能，她应该是最懂我的人。

十八岁以前的我认为写作是我的全部，十八岁以后的我学会了把梦想藏起来，与现实对抗。我知道自己不只有梦想，还可以拥有很多。

吃完饭，水禾要走了。她要坐凌晨四点的车去北京，然后坐飞机去芝加哥，再转机到加州。一众人与她拥抱，大家都让她好好照顾自己，说了很多暖心窝子的话。

水禾拎着包，准备离开包厢。我站在门边觉得喉头硬硬的，像是有什么东西鲠在里面，让我说不出一句话。

"水禾！"

我努力叫出来，水禾定在我身边呆呆地望着我。

"水禾，不只梦想。"我终于吐出了这句话。

"还有呢？"

"没有了。"

水禾拍了拍我的肩，转身，开门，关门。

聚会结束了，他们都做好了上大学的准备，只有我在心里盘算着下一次考试该怎么复习。我们已经踏上了两条不同的路。

凌晨四点，我收到了水禾的短信。

"我知道，还有自己的身体，还有与你们的友谊，还有父母的支持。高四不要太累，你能考上。"

窗外的路灯亮着，散发出橘黄色的光，光与暗的临界点是我看不懂的颜色。我就这样反复地看着这条信息，水禾告诉了我下一句话。

生活不只梦想，还有很多。可以为梦放弃，也要为现实坚持。

马上就要破晓了。

12栋8楼的柠檬小姐

雷梓蕾

秋日的天气，是这个城市给予人们的点点幸福。阳光像是被水洗涤过，浅浅的，淡淡的，没有夏日的灼热，只留下温暖。

穿白衬衣，外搭一件浅蓝色毛衣的少年，靠着一棵树，呆呆地望着不远处的天空。天空是蓝色的，蓝得有些透明与不可思议。12栋8楼的少女推开了窗户，手里端着一杯柠檬水，在窗边偷偷打量着少年。

就这样安静地看着，柠檬水里的冰早已融化了。少女突然想起《断章》里的句子："你站在桥上看风景，看风景的人在楼上看你。明月装饰了你的窗子，你装饰了别人的梦。"

12栋8楼的少女，被人们称之为柠檬小姐，因为人们遇到她的时候，她的手里总是端着一杯加了冰的柠檬水。柠檬小姐恐怕是整个楼层里，最安静的女孩子了。在其他女孩子一起逛街玩耍的时候，她总是在窗前，读着厚厚的诗集，旁边理所当然地摆着一杯柠檬水。

柠檬小姐没什么朋友，因为她和周围的女孩子太不一样了，所以很多时候，柠檬小姐都是一个人。一个人出门买东西。一个人待在房间看电视。一个人去楼下的店吃饭。一个人安静地看一下午的书或者画册。柠檬小姐并不觉得一个人有什么不好，她就那样安静地活在自己的世界里。

可是，那个少年出现了。那个少年总是靠着自己窗下的那棵树，然后呆呆地看着天空，有时一个下午，都保持着同样的姿势。柠檬小姐已经被他的身影严重影响了，以至于放下书本，安静地看着少年。

后来，柠檬小姐知道了少年的名字——庄。社区的阿姨们都说，少年很是沉默。很多时候看见他，都是呆呆的，不知道在想些什么。社区的阿姨们觉得，像少年这样年龄的男孩子，就应该和其他男孩子们一起去踢球，奔跑。可柠檬小姐觉得，如果少年真的去踢球，去奔跑，自己会不开心吧？因为柠檬小姐开始习惯少年在那棵树下了，就像习惯只喝柠檬水一样呢。

可是有一天，少年突然不见了。刚开始柠檬小姐还以为也许少年有急事，所以今天没有来吧。可是一连几天都不见少年的身影，柠檬小姐有些着急了。她迫切地想要知道少年去了哪里，柠檬小姐放下手里的书出门了，当她问到树下的少年时，人们却都是一脸疑惑或者是一脸震惊地看着柠檬小姐。柠檬小姐不明白大家是怎么了。

回到家的时候，柠檬小姐又在那棵树下看到了少年。她走了过去，微笑着和少年打招呼。少年有些惊讶："你看得见我？"

"我看得见啊。"柠檬小姐有些不解。

直到后来，柠檬小姐才知道，少年已死，自己最近几天看见的，不过是他的魂魄。

021

"你为什么不去投胎转世呢？"柠檬小姐对少年提出了自己的疑问。

"因为，我还有心愿没有完成啊。我想看着我们的辩论小组拿下胜利，可我好像无法离开这一棵树太久。"

"没关系的，我会帮你。"

没有人知道柠檬小姐做了哪些努力，但辩论赛后来在离少年所在的树不远的地方举行了。少年实现了他的愿望，转身离去。

"果然，又是自己一个人了呢。"柠檬小姐望着天空，有些伤感。只是天空却传来一个温和的声音："柠檬小姐，早晚有一天，你会遇到和你处于一个世界的人，你们可以一起看书，听CD，喝柠檬水。你要等。"

是这样啊！谢谢你啊！柠檬小姐在心里默默说道。

葵花朵朵向太阳

猫小懒

1

记得当初分文理科的时候，选理科的同桌面色凝重地告诉池然："一入文科深似海，从此作业永无涯。"虽然后来池然才知道什么叫一语成谶，可当时她还是一副"我不入地狱谁入地狱"的表情雄赳赳气昂昂毅然决然地走上了文科生的路。分到新的班级，除了作业多了点儿，女生多了点儿，老师老了点儿，一切都还是和谐的样子。可是池然总是会觉得背后有一双眼睛，有时候回头还会撞上那一道目光。那双眼睛仿佛要看到人的心里去，有时两人目光撞在一起，它也不退缩、不闪躲。池然也说不清自己从那双眼睛里看到了什么，可她留意了一下，那双眼睛的主人有一个好听的名字，宁子宸。

池然安静地等着，果然，一周之后，在放学的时候，宁子宸主动找上了她。"喂，池然。"池然闻言回头，看见宁子宸急急地向自己跑来。他有些艰涩却带着几分期待地开口："……你是不是曾经在我家旁边住过？我是小时候被你吓得从树上掉下来的那个男孩子啊，咱俩还一块儿玩过呢，可惜你后来突然就搬家了……你还记得吗？"池然有些惊愕，她歪着头想了一会儿，还是一脸茫然地摇了摇头，而后匆匆跑上楼去，她不忍看到他沮丧的表情。那天晚上，宁子宸更新了一条说说："每次最尴尬的事情就是——高估了自己在别人心里的位置。"

2

房门外的父母吵得不可开交，房间里，池然抱着自己哭得不可抑止。那一刻，池然觉得自己是个被遗忘的孩子，没有得到上帝的宠爱。十几年来，随着池然年龄的增长，父母的争吵也越来越频繁，为了越来越多的琐碎事。池然想了很久也不明白，难道即使从一开始他们没有甜蜜的爱情，到最后彼此间也没有亲情吗？她很害怕，害怕他们终究会疲惫，害怕以后的自己也会变成那样。她觉得自己在对他们的爱里变得很累，也在他们的爱里变得很累。外面的争吵还在继续，那些声音一字不落地传入池然的耳朵，她打开房门，一直隐忍的情绪终于爆发了："你们闹够了没有？"她抓起自己的包包，像曾经想象的那样摔门而出……不到五分钟，妈妈就打来电话，按下接听键，池然听到电话那头夹杂着"乒乒乓乓"碎物声，妈妈尖锐而焦急的声音传来："你去哪儿？"池然顿了一下，尽量让自己的声音听起来平稳一些："没什么，我去透透气。"然后，她挂断了电话。太阳炽热而不知疲倦地炙烤着大地，池然站在马路边，看着来来往往的人群和车辆，突然不知道自己该何去何从。

宁子宸"捡到"池然的时候，他在球场打完球正准备回家。偶然的一瞥他就看见了街对面的池然。他很快就穿过车流追上池然，拍了拍她的肩。可她抬头的时候，他还是吓了一跳。面对着这个一边走一边流泪的女生，宁子宸有些不知所措，他只好拉着她就近在花坛边坐下。

"你怎么了？"宁子宸一边轻声地问，一边贴心地递上纸巾。

池然却像没有听见一般，只是抬头望天，不想让眼泪再掉下来，不想让宁子宸看到自己最狼狈的样子，可眼睛却像是灌满的水缸，眼泪不停地从眼眶里溢出，止也止不住。

过了好久，宁子宸才从池然断断续续的描述里知道了事情的大概。看着这个抬头望天努力不让泪落下来的隐忍善良的女孩子，宁子宸默默地叹口气，稍稍迟疑了一下，还是伸手揉揉她的头发，样子像是在摸一只猫咪。

"走吧，带你去个地方。"宁子宸像突然想起什么似的，一下子兴奋地跳起来，神秘兮兮地对池然说。

3

宁子宸的车子骑得飞快，但依然很稳。坐在单车后座上的池然心里慌慌的，一边用手护住被风吹起的刘海儿一边盯着宁子宸的后背发呆。她也不知道自己为什么会这么相信宁子宸，但对于眼前的这个男孩子，她的确有几分莫名的亲切感。也不知过了多久，宁子宸突然一个急刹，在一幢半新的居民楼旁边跳下车来，害得池然差点儿摔下来。池然正想抱怨几句，可我们的肇事者呢，却全然不知，回头给了她一个人畜无害的纯粹笑容，用手指着右前方开心地说："你看，到了。"池然只好作罢，顺着宁子宸指的方向望去，不远处的一个花圃里，每一株向日葵都朝着太阳的方向，骄傲地抬头微笑。它们仿佛与周围的环境隔绝开来，在这个钢筋水泥筑成的森林里开出一片绚烂，织成一簇小小的温暖。

宁子宸引着池然穿过蜿蜒的小径，来到一栋三层小楼前。"这儿，就是我家了。这些向日葵啊还是你离开那年我们一起种下去的呢。你还记不记得那时候我们俩天天在这儿盼着它们长大呢？你搬家后，那栋老宅子就拆了。我叫我爸在这儿修了个花圃。看，这些花儿料理得还不错吧？可是，你还记得这儿吗？"随着宁子宸的话说完，那些细枝末节的记忆碎片也仿佛一下子在池然的脑海里苏醒过来。池然痴痴地看着那些花儿，又抬头看了看神色里带着些小紧张和小期待的宁子宸，还是迟疑地点了点头。粗心的宁子宸竟然把钥匙反锁在了家里，他只好拽着池然在门前的台阶上侃大山般聊了起来，两人从各自的喜好说到自己的梦想，就差从诗词歌赋谈到人生哲学了。聊了好半天，池然才想起自己是该回家吃饭了，于是起身向宁子宸道别。池然站起身，闭了闭眼，终于鼓起勇气，下定决心般说："子宸，对不起，我已经记不得你了，可是你却记了我这么久。你说你很久以前就遇见了我，而我也很想念那个女孩儿。谢谢你一直照顾这些花儿，谢谢你做的一切。"

宁子宸挠了挠头，有些羞涩地笑着说："没关系啊，那些时光，你只是忘了而已。你遗忘的部分啊，我会替你好好珍藏在记忆里。至于今天的事嘛，就当作是我们之间的秘密吧。"宁子宸一脸认真地说完，然后伸出手，举起手掌等待着池然的回应。

池然看着宁子宸也笑了，举起手与宁子宸击掌。两只手掌拍到一起，一切尘埃落定。池然的心里，有一锅叫作感动的水正在沸腾冒泡儿。

池然走了几步，又回过头，带着狡黠的笑冲宁子宸说："喂，宁子宸，我告诉你两个秘密。"

"什么？"宁子宸走向池然，有些疑惑地皱起眉头。

"我最喜欢的花是向日葵，还有一件事，宁子宸是个治愈系小暖男。"说罢，池然一溜烟儿跑开，只剩下宁子宸一个人站在原地，摇着头微笑着在细细想着这两句话。

出了宁子宸家，池然小心翼翼地打开宁子宸临时写好并塞给她的纸条，端正大气的字迹跃然眼前：

葵花朵朵向太阳，执着于温暖，忘记悲伤，不怕受伤。

小然，希望你能明媚如阳，执着如葵，勇敢无畏，朝着你希冀的方向而努力，就像我从前遇见的你一样。

池然站在马路边，抬头望天，蔚蓝的天空澄澈得仿佛纤尘不染。她深呼一口气，仿佛忘记了今天所有的不快，仰起头还给天空一个大大的微笑，自顾自地呢喃着："葵花朵朵向太阳，嗯，真好！"

夜漫漫路灯伴

柒 染

记得你说过，有路灯陪伴的夜路，孤单显得那么美好。

我笑你傻，一个人的夜路那么漫长，似乎永远走不完。

"是有路灯的啦！"

路灯是你的爱人。

我看着在风中站得挺直的你，有了不祥的预感。已经很晚了，你一个人走着夜路来，又得一个人走着夜路回去。我问，不怕吗？你说，有路灯啊。

从衣柜里拽出两件外套，你说我们出去走走。我有点惊悚，你那么平静地说着，有点儿不正常。我本想拒绝，外面真的很黑。我家方圆百米内，没有路灯的照耀，一片昏暗。可你那不停地微微颤抖的手指和满脸的心事透露出，你一定有什么事要告诉我，不是好事，对吧！

紧紧扣住你的手，抱怨着不在我家附近安几盏路灯，我笑着说，管理局的人真不懂怜香惜玉啊！你没有笑，平时讲冷笑话的时候你多多少少会配合着笑笑，你努力想扯出一条弧线，但最终还是被你满脸的忧愁湮没，为什么周围那么漆黑，我还是看到了你狰狞的模样？

你带我冲出了那片黑暗，来到有光的地方。街上人群涌动，与刚才的小巷截然相反，这里的店铺人已爆满，老板行色匆匆却不忘露一露得意的笑。女孩儿举着棉花糖在爸爸背后打着盹儿，不知不觉竟睡着了。

可是这些都与我们无关。

离开闹哄哄的人群，我的左手扣着你的右手，在橘黄色的路灯下，在冰凉的石椅上，夜晚的风真的很凉，凉到心里去了。你看似不经意地把你的手从我指间溜出，把玩着指甲淡定认真地说："我又要辍学了。"

"因为家里的事情吧。"

我不敢去看你的眼，怕那一刻你无绪的眼神会让人怜惜到眼泪都忍不住感慨。我望向灯光逐渐稀弱的远方，可泪水还是光顾了眼眶，猝不及防。我把泪水强制压了回去，在你面前我不能太脆弱。

你轻轻拍我的肩膀，笑嘻嘻地说："没事。"

眼泪还是掉下来了，很多事情就像眼泪一样，不是你不想发生它便会消失。

为什么明明是一件大事，在你口中说出就变得那么轻盈不带一点儿悲伤的色彩？

自那次重新回到学校后，你每个星期六日都会来我家让我帮你复习，你是真的喜欢上学习了，你说，是我影响了你！

我现在仍然记得，那次我苦口婆心劝你回来上学，我跟你说上学有多么多么好，多么多么有用，对未来多么多么重要，你终于在我的口水说干的前一秒答应了我，回去上学。

是什么原因让你辍学的呢？你说你在学校无人问津，在教室几乎孤立可有可无，似乎无人在意，你说你孤单。我一度认为这是你的借口，你所说的，在我看来都像天马行空，我不曾经历过，亦不曾想象过。

那次过年，在外打工的你终于有了一次像样的假期。你风尘仆仆地赶回家，第二天就来找我，看到你瘦弱的模样心疼不已，我下定决心一定要把你哄回来，终于，如我所愿。

因为功课紧我们又不在同一个班级，我在二楼你在一楼，别说陪伴，就连见一面的机会都没有。我全身心投入在自己繁忙的节奏中，你的事情早就被我放置一旁，直至星期六你来找我复习我才想起，一星期以来我未曾去看你一下，至少让你知道自己不是孤军作战，可是我没有。然而星期一一醒来，我又把这事忘光，周而复始，直至你再次辍学，我都没主动去你班上找过你。

你终于肯向我诉说你的苦了，是在数学考试之后。你拿着试卷眼神涣散，自嘲地说："嗒，23分，够厉害吧，我不过如此。"

你总是强装坚强实则脆弱不堪，如同一块轻巧的饼干，一击即散。

原本眼里的迷茫就让你落魄不堪，如今憔悴的模样，就像一把砒霜，把你装点成一具没有生命的行尸，坐在我面前嚎啕大哭。

终于我知道，你班上的同学再也没把你当同学，看你时满脸的狐疑与轻蔑，用无声的语言告诉你你再融不入这集体。你一人占据着一张桌子，没有同桌的你上课下课都形单影只，那一次生理期突然提前来临，你忘了带"姨妈巾"，你左顾右盼却没找到一个能帮助你的人，你捂着肚子瘫坐在椅子上，不敢离开椅子哪怕一毫米，待放学后教室里的人走空，你才离开那张沾满你心酸的椅子。你说班上竟没有一个人看出你的异样，明明你苍白的脸庞在向周围诉说着这一切。

我很想陪你一起哭，可偏偏这时候我挤不出一滴眼泪，我紧紧抱住你，用极小的声音说了句对不起。这句话早就该说出口，是我把你从你说"过得不错至少有人关心有人陪伴有人支持的"我所想象的乌烟瘴气的纺织工厂给拽了回来，说得好听是为了你的前途为了你的幸福，只是我没想过，一个恶劣的环境可以让人奋起亦可让人堕落，我害怕你成为后者。

可是我又那么自私，我对你匆匆说了几句该怎么做为什么这么做后就再也没关心过你。后来我自我安慰道这样可以让她学会独立，毕竟总是依赖别人也不好，同时大脑也自行忘记，多少次生活上身体上有了麻烦，是谁站出来帮自己到底？是谁跟自己说别怕有我呢？是谁把自己感动得稀里哗啦说我也要对她好好的？

是你，都是你。

小学四年级，你坐在前面，那时我们还不是很熟，反正我找你借东西你永远不会借我，有什么好东西总是愿意送给你同桌却连让我看一下都不肯。五年级，我们阴差阳错成为同桌，经过一学期的凑合，我们成了形影不离的朋友，那时候你成绩比我好，一次考试我忍不住偷看了你的试卷一眼，被老师当场点名，我羞愧不已却找不到洞让自己钻进去，下课你冲我嘿嘿地笑，说不用在意。六年级，你和其他女生争着和我坐同桌，最后谁也没如愿，我和一个以前都没说过话的女生成了同桌，于是乎，那个女生又成了我最好的朋友，我们之间的关系日益疏远，好几次互相不理睬，最后我或是你说了句"一起去上厕所吧"就重归于好了，多么美好的事情。

初一的时候交集越来越少，因为不在一个班级，因为我更想融入这个新环境，因为我想奋起，因为我想告别过去。

我总是相信我们之间的友谊是那么坚固，无论多少场冷战多少回吵架多少次误会，我们的友谊总能回归到最初的美好，只是时间的问题。

那一次我们又冷战了，莫名地，我只知道你突然就不理我了，我本性倔强也跟着不理你。换成别人我可能会试着去挽回，试着去调解，但跟我冷战的人是你，我知道我们会和好的，等哪一天我心血来潮了，我会去找你，说："陪我去上厕所吧!"

那次冷战似乎有一个世纪那么漫长，我一边苦等着你的主动和解一边策划着如何和你和解，我好希望你突然就出现在我的面前，笑笑就好，笑一笑，我们就和好了。

　　我等到了，你骑着那辆除了铃不响其他部位都响的自行车来到我家。当时我们都那样尴尬，我们都是那么爱面子的人，久久不肯先说一句话，是我妈打破了僵局，她说："大热天的傻站在门口干吗？还不进来？"我们都笑了。我说："请进，这位美丽的女士。""把'女士'换掉！"

　　临走时，你说："阿染，我不想读书了，我要去打工，去珠海，一个很美的地方。"

　　"哦。"我没有很惊讶，不知何时我料到会有这种结果，只是没想到会在这种情况下出现。我没有阻止，也没有支持，我漠然的模样像一个局外人，好好坏坏都与我无关，可是我明明想去挽留，却不知如何开口。

　　可不可以理解为，我尊重你的选择。

　　你带给我两张TFBOYS的海报和一条自制的手链当做纪念，是不是你当时以为我们可能再也不见？

　　直到你的背影远离我，眼泪才掉下来，我自觉惭愧，我好后悔我没有主动去和你和好，我于你会是多么重要，才会一次次让你放下面子自尊来找我和好，而我却固执得不像样，无论怎样都放不下面子去主动做些什么。这场友谊来得真不公平，得益的永远是我，经营者永远是你。我总以为你不会不要我，我们会一直一直很好，保存着最初的模样。如今我知道，如果我们再一次吵架冷战，如果我还是和你死磕到底，可能我们就会自此分道扬镳。

　　这是你第一次辍学。

　　好不容易你才可以重新回到学校，好不容易班里的人都接纳了你，好不容易你的学习终于有了进步，好不容易你爱上了每天忙碌充实的生活，家里的各种困难让你不得不再回到社会，我知道你不甘心，却无能为力。

　　你的哥哥不慎从六楼摔下，造成下肢瘫痪，肺部被戳穿，现在在医院接受治疗。你家里经济本就拮据，如今摊上这事，更是雪上加霜，你被迫辍学，赚钱养家。

风很大，单薄的外套遮盖不了寒冷，更庇护不了你幼小的心。这种情况，我不知道自己应该做些什么才能帮到你，但如果可以，我会是你永远的倾听者，我的肩膀虽然不够宽大，但足够让你靠一靠，你有我。

路灯明晃晃地亮着，照亮了赤子心里最迷茫的路，照亮了你怀里那颗希望的星。

你执意送我回家，你说你知道我怕。

"那你呢？"

"有路灯呢。"

"又来。有的地方也会没有路灯的啊，就像我家附近。"

"没事，"你顿了顿说，"生活不也这样么，不也还活着么？"

我呆呆地看着你，挥挥手说再见。

再见不是再也不见。

我们，即使隔着千山万水，也还是会像以前一样，幸幸福福地走

下去，对吧！

是的，生活就像夜路一样，就分为两个区域，一个是有路灯区，一个是无路灯区，只有两个区域相结合，才能构成一条完美的夜路。勇敢走过无路灯区吧，尽头那盏盏令人安心的路灯将为你点亮。

单反、头模、化妆箱，
以及我喜欢的生活

芮媛

1

七月中旬某个凉风习习的夜晚，在灯光惨白燥热难耐的办公室里我被教导主任严肃地告知："同学，你还是回家反省几天吧。"

于是我真的就在当晚很有骨气地头也不回地离开了。学校外的夜晚，灯光在河面绽开盛世烟花，法国梧桐在路面投射下斑驳的树影。当初我站在教学楼顶层才看得到的风景，现在却能置身其中。

谁能理解我当时的心情呢？就像是一直都被关在笼子里的小鸟突然遭到主人的厌弃，被毫不留情抛向天空，一面拥有了广阔的天地，一面又迷茫日后在这广阔天地间能否存活。

事情的起因三言两语就可以叙述清楚：我在众目睽睽之下义正词严地告诉教导主任，二十三班的跑操路线就是这条，我没走错。当然，他也用力拽着我的手臂，瞪着眼睛，在众目睽睽之下，义正词严地告诉我，我让你走哪条你就得走哪条。

但我这个人，有时候偏执得要死，不懂俯首，也不会低头，从来不给自己留条退路。

后来我回去过一次，带走了我所有的东西。那时是课间，周围很吵，没有人在意我，我佯装镇定，归置好所有凌乱的书本。没有人知道，那样的时刻，我浑身发软，耳朵接收不到信息，动作慌乱，神情痛苦又狼狈。

　　我抱着一筐书走出教学楼时，汗如雨下，眼角有点儿湿润。

　　我知道我腐烂发臭的高中生活就此结束。再也不会有听不懂的课程，做不完的习题，倒数的排名和用被子拭去的泪水。再也不会那么辛苦那么狼狈。

　　我要继续往前走了，那里有全新的生活等着我。

2

　　我将与纪华的认识归结为人生中那些妙不可言的因缘际会。当我在高中艰辛度日，找不到出路时，他就像是一束光，生生将我暗无天日的生活劈开了一条缝。他让我知道这世上原来还有这样一类人，他们可以用廉价的化妆品画出美丽的妆容，用一个小伎俩就可以矫正五官的不足，他们凭着手中的化妆箱就可以只身走天下，他们将头发随意地扭几下就是一款漂亮的造型。

　　于是后来，我到大祁老师的学校学习。她在我眼里是一个英雄。我见过很多人做造型，但没有谁能像她那样气场十足，她的动作娴熟中透着粗暴，那是一个对自己有充分自信的人才有的能力。对她而言，头发是只属于她的天空，她翻手为云覆手即为雨，怎么做怎么漂亮。冬天的时候，她穿土黄色的风衣，站在电暖器旁讲编发的发展史，火红的光照在她的脸上。

　　那样的时刻，她就像是一个浑身沐浴着光的神在传经布道，我们是最忠实的信徒，潜心聆听。

就是这样，我痛痛快快地结束了自己的学业，开始学习化妆和摄影，拥有了自己的化妆箱和单反。每天能保证充足的睡眠，吃简单的饭菜，和老师学习，每天有一点儿进步，偷得半日闲就去书店读读书。不甚忙碌，但饱满充实。

不尽如人意的地方也是有的。人际关系依旧是我的软肋，缺少悟性使学习并不是太得心应手，也有过无比尴尬难堪的时候。但如此种种，从未让我产生过想要放弃的念头，我总觉得，这些只是初来乍到产生的水土不服，过段时日，便会融入其中，如鱼得水。

我时常会梦到读高中时的情形，也会在我没法再顺畅地拼写出曾经倒背如流的单词时觉得难过。但那又怎样呢？人总是要不回头地往前走。

我喜欢韩寒。他曾说，我所理解的生活，就是和自己喜欢的一切在一起。而我，和我的头模、化妆箱、单反在一起，就是我喜欢的生活。

原宿后街的女孩儿

盛一隽

她眨巴着眼睛认真地问了我一句："盛一隽，我们谈谈吧。"

"谈什么？人生吗？"

"嗯。"我看着她咬出这个字然后硬生生在脸上挤出一朵花，站在旁边的我都替她感到疼。

青梅枯萎，竹马老去。可惜我遇见的人都不像你。

纵使相逢应不识

午后的太阳灼得人生疼，柏油路也泛着光。空荡荡的大街上只有她一人在悠闲踱步，仿佛万籁俱寂，山河大地，万物都与她同在。

我跑过去轻拍了一下她的肩，她猛地回头用手指放在嘴边示意我安静，动作可爱得像是偷食的小仓鼠。我就这么笑出了声，随即便接收到了她鄙夷的目光。

就这么走了一路，漫长得像是过了一辈子。

到了下个街口，我忍不住出声问了句："怎么了？"她笑了笑，浑身笼罩纯白光晕，光芒刺得我有些睁不开眼。

"你没有听见吗？风的声音。"

我闭上眼仔细倾听，可怎么也听不到她所描述的风，软软的，暖暖的。"像什么呢？""就像恋爱的感觉啊。"

我紧握住她的手，随后反问了一句："就像这样吗？"她羞红了脸，红晕连天边的夕阳也抵不过。随即轻轻点了点头，又反握住我。一瞬间，我好像感受到了风穿过身体的声音，短暂的快感后是让人莫名悲伤的清凉。

就像她一样。

我想，这样的女孩儿身体里一定住着风吧，否则她怎么能听见大自然的声音，又怎么能离开得那么不知不觉呢。

后来，很遥远的后来。我也曾看见她在路边停留，不知是为了风的声音还是突然怀念起某个少年，可我一直没有勇气走到她面前，轻声说一句："你认识的我，也没多大改变。"

还有一句："回来吧。"

当时明月在，曾照彩云归

"你怎么了？"

"没事啊。"

我意识到，她一向有这样的能力，能够轻易察觉出别人的不开心。

可当我在异乡的土地上看见她时还是惊讶万分，她像是来了很久却不愿打扰我的睡眠，蜷缩着身体蹲在门口，像只无家可归的流浪狗。大概是动静太大，可被开门声吵醒的她倒是很淡定，大手一挥抱怨着外面太冷，随即钻进了屋子里。

她是一只时刻准备战斗的刺猬，内心却涌动着温柔。想到这点，我并没有多问她突然跑来这里的原因。我想我知道这是为什么，她也知道。

待我进门时却发现她早已在床上躺下，没有任何淑女睡相的她就这么霸占了我的地盘。应该是太累了吧。我仔细思索了一下A城到这里的距离，想着这么长的车程也是委屈了晕车的她了。

她醒来后便恢复了活力，吵着闹着让我带她去吃大餐。欢乐的时光总是短暂，在商场流连了几圈后，夜色已悄悄吞没了这座城市，月光温柔地洒在她的脸上。

"你看，有星星呢。"

"嗯。和小时候一样。"

当时年纪小，岁月长。如今不觉已过去这么久，可幸好身边赏月观星的人一直在。

这好像就是结局了。

可其实我漏了一点。

那夜，伴着月光，她眨巴着眼睛认真地问了我一句："盛一隽，我们谈谈吧。"

"谈什么？人生吗？"

"嗯。"我看着她咬出这个字然后硬生生在脸上挤出一朵花，站在旁边的我都替她感到疼。

后来，青梅枯萎，竹马老去。可惜我遇见的人都不像你。

人生无事话春风

我不懂她为什么那么喜欢摄影，还总爱找我当炮灰。假借我与他人交谈的机会便咔嚓一声按下快门，而成品的照片却从未给我看过。

我总是在她吃饭的时候数落这一点，因为我知道只有这时候她才能抽出时间认真听我说话，而此刻的她嘴里包着菜含糊不清地说了些什么，大口吃完后又背上相机不知道去哪了。等她离开了我才发现，那一堆碗筷又得我一个人收拾了。

她一向如此，身体里像是被安装了发条，一刻也停不下来。社团协会部门班级，一系列的重担都丢在她身上，很多时候我都在好奇那么瘦小的身体会不会某一天突然被压垮。

"盛一隽帮我占位。""盛一隽帮我打饭。""盛一隽帮我交作业。"

她对我提过很多要求，却从未说过一句"盛一隽，你帮我客串一下我男友吧"。

我不能体会到摄影的感受，但我却能体会到她的快乐。她时常奔波于各个场地间，为拍出一张好的照片而爬上爬下，很多时候我都悄悄用手机记录下她难堪的瞬间以便不时作为威胁她的证据。

除了现在，除了此刻这个场景。

她低着头红着脸，将头发轻轻挽到耳后，对着面前的少年不知说了些什么。像是预谋好的一般，一同发出清脆的笑声。少年白衣，清秀得像是某一部特定小说里会出现的男主角。

不知怎么，我竟有些难受。转身离开时却没听见她的一句："不要告诉他我喜欢他。"就像她也不知道我留在桌上的情诗是写给她的。

故事都喜欢用"但是"来作为转折，用"后来"一笔抹灭曾经。那么，我和她曾在深夜饮酒，号称知己难寻，但是被生活开了场不小的玩笑，后来相见无话。

人生无事话春风，何为乐呢？

大概是有你在身旁的时候吧。

后来春眠不觉晓

她给我递来情书的时候我正在纸上勾勾画画，洁白的页面上铺满了一个人的名字。见她走来，我连忙收到抽屉里笑着问了句怎么了。

她不说话，将信件送到我手里便急忙离开，转身时眼睛里闪烁着光芒，我想定是偷来了这满天的繁星。

信纸是淡淡的天蓝色，封面上用黑色水笔写着"盛一隽"三个大字，笔锋轻柔，软趴趴地贴在纸上。是谁说过呢，信件是最美好的信物。一张纸上，只有我们两个名字，相依相存。我轻轻用剪刀拆开，里面只有一首简短的小诗。

"晚来天欲雪，能饮一杯无？"

我念着它，仿佛在咀嚼最美好的时光，口齿留香，岁月悠长。

而后我经过她的班级时，常常看见她低头的场景，旁边也不时有人戳戳她的肩膀示意我的存在。而她抬头，便好似温柔了一世的时光。

学校总是有班级互改作文的传统，而我总能在她的文章中品味到孤独的意味。她写文淡淡的，轻轻的，好似正坐在你面前品茶然后娓娓道来一个缓慢的故事。我常常洋洋洒洒写下一堆评价，最后署名时却顿了顿，旁边的同桌总是看不过我纠结的个性，便又塞给我一篇文章，潇洒地签上了自己的名字。

后来，我常常看见她跑来与我同桌讨论文学，身处旁边的我只好一直忙碌着去掩饰我的尴尬，没有人去戳破这场闹剧也没有人愿意去这样做。

我们之间只有一封信件的联系吗？好像也不是。

毕业时有人匿名给我发了一条短信，简简单单的谢谢两字。我轻易便猜出了对方的身份，然而删删减减等到屏幕亮了又暗还是没发出一句话。

谢谢？是谢我没有揭穿你在玩大冒险的真相还是谢谢我曾经喜欢过你呢？

可这些好像都不重要了吧。后来春眠不觉晓，处处闻啼鸟。

"为什么后来你们都没有再相逢呢？"林暮暮抱着薯片问我。

"这个城市这么大，足够一个人走失千万次了。"

"哦。"她低下头像是思索着什么。

"对了，你打算什么时候告诉我你的故事啊？"

"以后。等以后吧。"她站起身向窗外走去。

以后，是多远的未来呢？是等你的伤口全部愈合能够轻言谈笑吗？我亲爱的姑娘，未来那么长，你就一直向前走吧。

还有我呢。

校服的裙摆

醉可一

娃娃音出没请小心

我拉着行李箱汗流浃背地走进宿舍时，宿舍还是空的。在我边擦洗床位边期待着高中时代的舍友时，门口传来了一阵尖锐的娃娃音。闻声望去，就看到了你，一个瘦瘦小小的女生，整个一发育不良的小萝莉。

我们的座位离得并不远。每天能听到你比别人高几个key的声音，再加上你主动要求当语文科代表，每天早晨带领我们早读，那声音配上文言文，我们真是醉了啊。

一起丢脸就没那么丢脸了吧

高一时全年级举办了一场篮球赛，我们班第一场球就输了。我还来不及难过，就被你拽到另一个球场看球。"哎，你看那个1号，打得很不错呢。"你两眼放光一脸花痴相。"是长得很不错吧？"被我一眼看穿的你吐了吐舌头。夕阳照在你的脸上，睫毛扑闪扑闪的，眼里尽是1号的身影。等到球赛结束，万恶的是你居然打听到了1号的班级，拉着我就往他们班跑。此时大部分人都吃饭去了，只剩下一个在画板报的女生。在你走向那个女生询问1号的联系方式时，我彻底被你的花痴以及勇敢程度折服了。那女生转过身偷偷笑时，我也相信这绝对是我做过的最丢脸的事情了。如果事情就这样完了，那我们的高一还不够疯狂。一天傍晚我们在校道散步，1号骑着单车从我们身旁飞过，你激动得乱跳。然后向我宣布了一个任务："我们跟踪他！"说完你就跑掉了。看着奔跑的你，裙子的裙摆和衣领上的蝴蝶结都在随风扬着，很美，年轻不轻狂怎么算青春？我跟上你，陪你一起追着前面的白衣少年，无视旁边同学疑惑的眼神："这俩女的是没吃药吧？"

你见证了我青涩的暗恋

跟你比起来，我的暗恋就内敛得多了。他是文学社的学长，一个把白色校服穿得很文艺的高年级学长。你说我们每次在路上偶遇他，在你发现他再转头看我时，我的脸已经红到脖子了。你陪我刻意地路过他的教室；你看到他在草地上背书拖着不敢靠近的我坐到离他不远的地方聊天；你陪着我在夜修课间跟在他身后一圈一圈地绕着田径场散步。他总是在不小心发现我的时候跟我say hi之后微笑离去。这样悄悄关注着一个人的感觉让我享受至极。守着一段不能靠近的距离，似乎那个人会发光。

秋冬的阳光可以让人沉沉地睡去，上学的路上，我们踩着柔软的阳光，有微微的风，我们的裙摆也微微飘扬。

学长忽然出现，你比我还激动，差点儿叫出声。他腿长走在了我们前面，我们也加快脚步紧跟其后。他的教室在我们的楼上，所以路线基本还是接近的。他走到了我们隔壁的教室，经过窗口时手伸进窗户放了一颗青色的苹果在桌子上。桌子的主人还没有来，苹果安静地躺在桌面上，阳光刚好只照到苹果上，就像它也会发光一样。

我沉默着走回宿舍，一下午都听不进课，满脑子都在猜测着桌子的主人和学长的故事。你敲我的脑袋，说他都给人送苹果了，还想人家，田径场那么宽还怕没有芳草吗？今晚我带你去重新找一棵！我白了你一眼，心还是硌着粒沙一样难受。

陪着我一起成长

有一个高三理科班的男生开始追我，一个很善于运用苦肉计和糖衣炮弹的男生。我派你去调查一下他的底细。回来后你说，他高高的，有点黑，是我们高一某同学的朋友。后来偶尔在楼道遇到，他总是能够找各种话题，直到我走进教室。不是没有拒绝，但是他就是不依不饶地跟着，你说他，他便说是他的事。时间久了，便也习惯了。路上遇到，他尽管讲，我也听，偶尔也会被他的笑话逗得忍俊不禁。到了他生日，他委屈地央求我送他礼物，至少要到他教室亲口跟他说句生日快乐。我最终还是没有忍心拒绝，买了点儿小礼物，让你陪着我到他教室门口对他说句生日快乐。那时候已经是初冬了，我们的校服裙子里穿着并不厚的裤袜。我站在教室门口直打颤，不知道是紧张还是因为寒风。他走出来，我说了生日快乐，把礼物塞到他手里。他伸出手说，谢谢，友好地握下手吧。我既尴尬又不好拒绝，只好轻轻碰下，赶紧收回，然后狼狈地跑掉。你说我脸红到我妈都认不出来了，我吹着冷风努力让自己降温。

你忽然问我是不是喜欢他。我毫不犹豫地给了否定的回答，并投以鄙视的目光，表达我对你这怀疑的不屑。你却不甘示弱地说如果不喜欢，又为什么不忍心拒绝他的要求呢？那是因为我心地善良、不忍心打击别人啊。我信誓旦旦地回应你。那么多人追你不见得你不忍心打击其他人，你嘟着嘴巴说道。我竟无言以对。

英语课刚下课，我还埋头抄着笔记。你风风火火地走进我们教室，拉着我往外走。你说他原来早就有女票啦！我怔住，心顿时就像被灌满铅般，往下坠。

晚上我们在跑道上散步，很不巧地遇到了他，他身边还站着一个女生，穿着和我们一样的白色校服和格子裙，看不清楚长相，但可以看出她有着白皙的皮肤。我们几乎擦肩而过，他却居然没有发现我们。你气得想跑过去甩他一耳光，被我死死拉住。这时候去表现出气愤，是想告诉他我在乎这结果，然后让自己像个被背叛的怨妇吗？你说你实在咽不下这口气，龇牙咧嘴的样子倒让我笑出了声。

人生那么长，谁没遇到过几个人渣。及时认清，当做是一种成长，就是一种幸运。

离别的时候不要哭

拍毕业照那天是个阴天。满操场的白色校服却依然刺眼，刺得眼睛生疼。你坐在草地上，第一次那么沉默。

你说，我们就要毕业了。

我说，我们就要分开了。

你说，分别的时候不要哭，要微笑，好好保护彼此的小情绪，让心泛着光。

我说，好。

我们没有在一起

此时我们分隔两地，在不同的城市里。偶尔在朋友圈里看到你丰富多彩的大学生活，偶尔我也会跟你分享我在学校里的酸甜苦辣。可是却再也不能一起经历，不再拥有共同的记忆。疯狂的回忆很少再有，遇到喜欢的男生没有你帮我披荆斩棘为我开路，我更愿意把他们放在我的心里。你也说，遇到好看的男生，没人再陪着你花痴地走在人家身后亦步亦趋。我们都不再穿校服，那纯净的白，那随风飘扬的裙摆。谁不曾年少，情愫稍稍，心藏一个喜欢的人？这样的情绪同样需要一个人来分享，来倾听你的每一次脸红心跳。很幸运我曾遇到你，很不幸我没再遇到一个像你的女孩儿。但至少，回忆不会老去。记忆里我们一直是那样的年少，笑着，闹着。衣橱里的校服也不会老去，它会一直在那里。

H 先生的执着

小苹果

看了阿狸的《Z小姐的勇气》，我想起了那个少年的执着，对爱情的执着。

少年姓何，我们就叫他 H 先生。他喜欢的女孩子姓林，我们就叫她 L 小姐。

H 先生与 L 小姐一起走过最美好的小学时光。从最懵懂无知的学前班到一起留级的二年级到轮廓线较清晰的六年级。别人的小学时光是六七年或更少，而他们却慢吞吞地走了八年，也就这样，我有幸跟他们同级。

小学的那段时间是单纯天真的。谁跟谁讲话，谁喜欢欺负谁，谁就喜欢谁。玩在一起的就更不用说了。现在想想不禁笑了。

而那个时候的我是相信这可笑的歪理的。在我眼里，H 先生与 L 小姐是不同的。两人是前后桌，男孩子的顽皮会驱使 H 先生故意把笔、橡皮擦、铅笔盒扔到地上，然后说是 L 小姐弄掉的，L 小姐就只能很冤地捡起来顺便说一句下次不要这样，而下次又出现同样的戏码；他还会故意弄乱 L 妈妈帮 H 小姐弄的可爱发型，还笑嘻嘻地说这样好看。L 小姐被他气得眼眶泛红，"哇"的一声大哭。这个时候我们 H 先生的罪恶感就来了，挠挠头不知所措。

H 先生跟 L 小姐玩得近，同学就笑嘻嘻地说他喜欢她。搞得 L 小姐脸蛋红扑扑地冲着H先生大喊下次不会给你捡东西了你也不要弄我头发。而我们的H先生下次还是一样地为所欲为。

现在想想，那个时候根本不是爱情，只是小孩子的玩性与天真罢了。

五年级的时候，阴差阳错地，我跟H先生前后桌了。不过，我比较幸福，没有被他搞得乱七八糟。有一天，H先生突然问我她家在哪里，我没想什么就直接告诉他了。后来才知道他要她家地址是为了更好地找她玩。但我怎么觉得这是一种计策，这孩子情商高啊，现在明白他情商太低了。

而我渐渐发现，H先生喜欢上我们L小姐了，不是小时候的那种好玩的喜欢，貌似是一种情愫。

果然，六年级暑假，H先生向L小姐表白了。专门选在七夕。那晚，月明星稀，天气好得像是为这场告白准备似的，只是结果并没有天气那么好。L小姐拒绝了，原因简单，只是说当做朋友，不喜欢他。我不知道H先生那一瞬间的表情，不过我觉得他很伤心。

许多人都觉得结果就这样了，包括我。青春爱情只是这样，在没有得到对方接受后便不了了之，只是……

初中了，许多事情变得不一样。那些小学玩得很好的同学见了面居然不打招呼就匆匆走过了。而叛逆的青春期就是这样，你不跟我打招呼，你踉，我也不睬你。就这样，同学情义渐走渐远，包括H先生与L小姐。

我和L小姐是同班且同村，每天一起上学、放学，再加上本来就是好朋友，于是，由朋友成了闺密。

有一天，L小姐跟我说H先生见面都不跟她打招呼，问是不是上次把他伤了。我说不会，他也不跟我说话。L小姐才舒口气，那就好，不要连朋友都做不成。

日子就这样不咸不淡地过着。

初二了，有一天L小姐说H先生又跟她表白了。我吓了一跳，L小姐说她也是，这两年他们根本没有说过什么话，在一起的时间比以前不知道少了多少，实在找不到理由。她也问了，H先生说，不打招呼，不说话，玩得没有以前那么频繁，只是想忘了她，结果最后忘不了，就再一次表白了。L小姐仍然没有答应，因为她觉得两年没有好好交流了，大家会变的。而我们的H先生也没有说话，貌似在想着什么，最后同意了。

从那以后，H先生变了。上学路上积极打招呼，笑嘻嘻那个样仿佛又回到了小学时光。周末经常叫我们去玩，虽然我知道我是电灯泡哈，但是我还是厚脸皮去了，况且他们又没有交往。有吃的，不去白不去。

L小姐生日的时候，H先生在L小姐睡眼惺忪她妈笑眯眯的情况下送了L小姐生日礼物。我说一句，能不能不要那么高调。礼物是一大袋零食，把我们L小姐感动得一塌糊涂。因为以前别人都没有送这个。听说圣诞节还送了一大袋苹果，话说L小姐最喜欢的就是苹果了。我嫉妒地问L小姐："为啥我没有？""明眼人都知道他不喜欢你。"咳咳，回归正题。在这种情况下，H先生居然没有表白，哎，真不知道他怎么想的。

转眼中考了，然后暑假。而我们的H先生表白成功了。据L小姐说H先生是这样说的，三年前的今晚你拒绝了，你说不喜欢我，三年后的今天，你会拒绝吗？然后啦啦啦说了好多。而我们的L小姐同意了。在同意后，H先生眼眶含着泪水激动地说，等这一天不容易啊，突然好想哭。L小姐只能默默笑了。

于是他们恋爱了，没有热恋中的情侣手机每天打个不停；没有"亲爱的，老公老婆"的肉麻昵称；只有平淡的不像情侣的那种朋友的最普通对话，最普通行为。问他们为什么这样，回答是L小姐不喜欢，她喜欢简单。但，我怎么隐隐约约觉得怪怪的？

他们不像爱情的爱情在挣扎两个月后结束了。L小姐提的，她说对他没有感觉，跟他在一起不开心，反而压力大。例如：H先生在放学后邀她去玩，她不想去，想回家；每天打电话都是重复"吃饭了吗，在干什么，今天怎样……"让她觉得无聊又无奈。无聊的是每天的重复，无奈的是他对她挺好的。于是在综合考虑后，L小姐决定说分手了。结果可想而知，H先生不肯，说让她回去好好想想。而L小姐却大声说该想想的是你，你觉得为了我值得吗？当初说不准备读高中了，现在却读了，还选择和我同班，我不相信那是巧合。既然选择读书，就认认真真的。H先生没有说话。

当初中考成绩下来后我问过H先生要不要读高中，他说不要，而且很肯定的样子。可开学没几天，就看他高高兴兴背着书包上学了，还选择跟L小姐同班。那个时候他们确定交往没多久，为了什么，大家心照不宣。

H先生是不同意的，甚至请了兄弟后援团，说了好多以前没有说过的话。但是，下定决心的L小姐是不管多少头牛也拉不回来了。最后，H先生放弃了。我当时看他笑得好凄凉。

世间又多了一个痴情男。

L小姐说有人喜欢你，也总有人讨厌你。

H先生说，伤心难过，就来找我，无论何时何地，我都会在。

一个是喜欢后的少许无奈，一个是伤心后的满满执着。

一个想要改变，想要超越；一个等待未知，不知花开在何时。

伤疤不会自己疼

　　我不是传统定义上的好学生，读高中的时候喜欢跟班主任抬杠，成绩也不好，但很会写小说。我的自尊心全部依附着我的小说生长，一不小心就长歪了，高考前都不怎么做题，整天做着作家的梦。班主任跟我聊过很多次，他觉得我这样不努力，以后一定是个没什么前途的人。我不理他，觉得他不能理解，因为我的血液里流淌着的是文字和情感，而不是数字与公式。我不跟不懂我的人谈心。

伤疤不会自己疼

蒋一初

我不是传统定义上的好学生，读高中的时候喜欢跟班主任抬杠，成绩也不好，但很会写小说。我的自尊心全部依附着我的小说生长，一不小心就长歪了，高考前都不怎么做题，整天做着作家的梦。班主任跟我聊过很多次，他觉得我这样不努力，以后一定是个没什么前途的人。我不理他，觉得他不能理解，因为我的血液里流淌着的是文字和情感，而不是数字与公式。我不跟不懂我的人谈心。

终于我如愿以偿，读了我梦寐以求的学校与专业，遇到了懂我的老师，我的思想再也不会被归为异类，可我依旧孤独，并且变本加厉地痛苦。

第一次上阿烟的课，我觉得他身披长衫就是清末守着最后一丝傲骨的教书先生。阿烟很瘦，瘦得颧骨突出，也高，微微有些弓背。阿烟是新老师，跟我们一年进校，我们是他带的第一批学生，当时大家都很兴奋，觉得他一定会跟我们合得来。

离家的第一个中秋节是在学校过的，我们和阿烟坐在大草坪上聊天，阿烟说要去男生寝室借一把锤子，他要砸碎这轮明月，谁让这月亮总是让人泛着思念？我们都起哄说要去拿锤子，阿烟笑眯眯地说等着我们。

我以为这就是我的大学生活了，有一个内心装着诗的班主任，还有一群志同道合的同学，四年能这样快活地过，也不枉高考前努力了那么久。我真正走进自己内心的是不久后的一节写作课，我幡然醒悟，原来我的内心如此匮乏，我不懂什么是诗，什么是美。

那节课阿烟点名批评我，他不知道我写的是什么，他说我心胸狭隘、格局极小，看的书不多，眼界不开阔。尽管其他同学都表示可以理解我表达的意思，但阿烟依旧没有放下他的枪，他觉得我是闭塞的，需要被打开，而他采用的方式是用枪，一下炸开了我的心房，血肉模糊。那块伤疤之前是我佩戴勋章的地方，我总觉得自己是有些天赋的，但阿烟不觉得，他不仅打掉了我的勋章，还让我受了伤、留了疤。

我开始害怕阿烟，跟他谈构思的时候不敢看他的眼睛，说话声音也很小，我害怕他听清我说什么以后又会抨击我，我不敢与他为敌，他能看穿我，能把我的命门狠狠地捏在手里。果然，在一次交流后，阿烟又指出我的自卑。但这次他跟我分享了他的故事，阿烟读本科的第一节课是全班的靶子，所有人围坐着，他站在圆圈中间读自己的作业，被老师批评，被同学嘲讽。从第一节课开始，他的大学四年过得惶惶不可终日，他只有疯狂地读书，让自己变得强大。

谁的心上没被捅过几把刀子？谁还不知道吃苦的滋味？

阿烟说出这句话后长叹一口气，但是疼痛能让人清醒，伤疤能让人长记性，所有的东西都有其存在的意义，而疤痕存在的理由绝不是丑陋这么简单。

阿烟说他大二的时候在出租屋里读《哈姆雷特》读了一天，读到肾上腺素爆发，浑身发抖，那时候他才真的感受到了戏剧的魅力。我不懂这种战栗是什么感觉，直到我读《李尔王》时读到眼泪不自觉地流下来，我才体会到原来这就是美，是诗意。

现在我还是会畏惧阿烟，他的眼神能直达我想掩盖的地方，我对他什么都隐瞒不了。在最近的一次写作课上，阿烟吼了我一句，我没有被打断，而是继续讲自己的构思，连声线都没有起伏。他还是会对我开枪，觉得我应该是更好的样子。

每一处伤疤都是一个故事，厚厚的痂覆盖住的我勇敢过的样子。我不会费心思遮住它，好了它就不会疼了，但它的样子会始终让我想起自己被击中的瞬间。

铲屎官手记

木各格

　　暑假的后三分之一段我给自己找了个养家糊口的活计——有偿为左邻右舍忙于工作的单身汪们看狗，即每天早上八点左右从主人们的手里接过各家宝贝，照顾它们一天的吃喝拉撒和遛弯，到晚上八点再把它们一只一只送回家。

　　我的常驻客户一共有三只，分别是高大绅士的萨摩耶，来自霓虹的柴犬，以及一只还没长大处于呆萌状态的小哈士奇。再加上我家那只捷克罗素梗（Jack Russell Terrier，为方便叙述以下简称大长嘴），多数时候我一天要同时遛四只狗，那是怎样的一种体验呢？简单来讲就是它们四个同时朝一个方向狂奔的话我只能用手死死抱住小区的路灯杆或者树才能避免被拽倒在地拖着走。所以说干这一行真心挺不容易的，还要赌上作为人类的尊严。

　　不幸的是，我家大长嘴虽然是小型犬，但是就像狗书上介绍的那样充满了速度与激情啊，带出去要是不用绳子拉着分分钟就跑没影了（重点是还不会自己回家！）。平时就它一个我还能hold住，现在多了三只后就算我吨位不轻也镇不住它们了。再加上我家那货每天吃饱饭自由活动时最大的乐趣就是寻找壁虎，但凡看到哪里有个小黑点儿就一定要冲过去看看是不是，所以一狗动四狗齐奔的情况时有发生。最惨淡的一次我真的是手脚并用抱树干啊，就因为我家那货看到了一只壁虎死活要追怎么都拉不住，于是其他三只见它跑就跟着跑，幸好当时四周没人不然我真是……唉，说多了都是泪啊。

同时照看四汪还要时刻避免它们发生斗争，特别是柴犬和大长嘴。说来这俩货新仇旧恨也不是一两天的事情了，具体还得从我家的地理位置说起。我家位于一楼，阳台外面正好是一块绿地，平时大长嘴都是待在阳台，因为平常经过的人不多倒也相安无事。某段时间开始，柴犬的主人隔三差五就带它出来遛弯儿，到了我家阳台外面还非得在那逗留一会儿，看看风景思考下人生啥的。然后出于汪的领地和护宅意识，我家那货就不淡定了，各种奔跑跳跃叫唤，恨不能冲出栅栏大干一场。这回好不容易逮着了共处一室的机会，俩货一见面就各种扑咬，迫于无奈我只能给它们都戴上了口罩。

至于小哈士奇，多数时候都是卖萌状态，偶尔看到上面俩货闹腾就会有样学样，龇牙咧嘴地去挑衅高大的萨摩耶先生。然后我们涵养极好的白绅士一般都是满眼宠溺地看着它闹，实在是折腾得过分了才会抬起一只前爪直接将小鬼给按趴在地，于是世界瞬间清静了。

但是，绅士有个能为小伙伴们谋福利却让铲屎官心塞塞的技能，就是会自己开门！我家大长嘴每次在屋子里撒丫子跑时就会企图去够门把手想要上演越狱。问题是它小还矮呀，怎么跳都够不着，但自从绅士来我家后，情况就不一样了，人家只要前爪轻轻一搭就能够到门把手，再慢慢一转，开个门而已，so easy～分分钟秒杀各种小矮个儿啊有没有！为此我只能把门给反锁住，估计它要学会开锁还需要点时间，在此之前我还是安全的。

不过呢，作为一枚有点儿洁癖和强迫症的铲屎官，我最喜欢的就是每周给四汪们洗澡的时候。按照我家大长嘴的惯例，是采用壁咚洗澡法，即双腿站立背靠在阳台的墙壁上，然后冲洗，涂沐浴乳，按摩，再冲洗，擦干。每次洗澡的时候汪们都特别高兴，我在接水管喷头时它们就已经排排坐好了（除吃饭以外最和谐的一刻了），等水一打开我手一抬，哎哟好家伙，立马都自觉背墙双脚站立了，看得我那叫一个欣慰啊。

但是（又是让人泪目的"但是"！），这四货会因为谁先洗谁后洗而闹腾！例如有次我正在给柴犬君按摩，其他三汪就不干了，又是撒娇又是打滚的，最后，白绅士俩前爪一抬直接搭我肩膀上，那速度和力道，妥妥把我给扑倒在地！然后我家那货还有一旁的小二哈又分别扑上来在腿上和肚子上补了几个湿漉漉的爪子印！

不要问我作为人类的尊严呢，都喂汪了，这群（折）磨人的小妖精！

最 好 的 你

蒋一初

八月长安的《最好的我们》在朋友圈刷屏，高中毕业很久的一群人都在怀念，在结尾处总会说上一句类似"我怎么变成现在这样了"的话，每个人都会把以前的自己吹捧一番。其实真的追忆到过去，大家都没有自己口中说的那么努力，那些从未得到的东西反而在回忆中实现，谁都没有做到最好的自己。

上高中时，小安一直在跟我通信，不频繁，但连着两年多都有联系。小安写给我的信里提得最多的字眼就是坚持和突破，她是一个要强的女孩子，对于学习，她一丝不苟。

小安比我小一级，我高三的时候她高二，高考结束后我决定复读，她是唯一一个没有安慰我的人。下定决心要考自己想要的学校，那么为此多付出一年又算得了什么呢？安慰是一种侮辱，是一种不信任，那时的我把小安看成是最懂我的人。

在高考冲刺的时候，小安的来信里频繁地出现"北大"。北大是她的梦想，是八月长安的母校，是余周周考上的大学，是一众普通学生不敢觊觎的存在。小安对北大有着深深的执念，决心一定要在这一年不辜负自己的心愿，她铆足了劲儿的样子格外可爱，那是我们记忆中从来没有出现过的自己。

39°N，116°E，北京，北京大学。

小安高考成绩很好，全市第一名，女状元。小安选择了中文系，她一直坚持写文章，也发表过一些，但迫于高考压力停笔一年。小安做到了再苦再累也要为了自己喜欢的事情奔波，这样不仅不后悔，而且会更加坚持。

拿到录取通知书后，当地媒体对小安进行了采访。小安是八月长安的骨灰级粉丝，高考前参加过八月长安的签售会，八月长安给小安写了一条"北大加油"的留言，她不仅是小安的偶像，也是小安的奋斗目标。八月长安笔下的故事都掺着隐忍和坚持，主人公们带着青涩尝遍成长的痛楚，但每个人身上的品格都是瞩目的。小安真的成为像周周那样的人，在偶像的光环下，完成了蜕变。

怎样追星才能让偶像记住自己？答案是与偶像比肩。

八月长安知道了有个小粉丝因为自己考上了北大，她很开心，特意发了微博祝福小安。小安在微博上分享自己与八月长安相识的经历，真正触及北大才发现这也不是遥不可及的梦想。小安成为像八月长安那样美好的人，在北大上学的日子里，她每周都在微博上写周记，与更多人分享自己的生活，也激励着同样拥有北大梦的孩子们。

为了做程璧专访，小安耗费了很长时间。程璧是小安很喜欢的一位民谣歌手，能够借此机会接触到她，小安觉得这是次不错的经历。虽然因为课外活动耽误了学习、落下了功课，但那些熬过的夜都被时间揉成了明珠，回想起来，天上的星辰都未必有那些暗夜璀璨。

"自己喜欢做的事情，哪怕有点累，也不能因此佯装不喜。"

在小安的学期总结里有这样一句话，我惊叹于这个姑娘拥有一颗如此通透的心。向自己低头、向自己道歉、向自己坦诚是最困难的事情，自我剖析远比对别人解释更加痛苦。《教父》里有一句台词可以总结小安的这句话：在一秒钟内看到本质的人和花半辈子也看不清一件事本质的人，自然是不一样的命。

在北大学习的日子里，小安已经挺拔、有力地走在自己预期的道路上，和一年前的她比起来，多了自信和柔软。对于未来的迷茫，她选择做自己喜欢的，并且一直做下去。坚持有多么困难，只有坚持过的人才知道。

　　"不管遇到多少血雨腥风，你都应该拥有一颗强大的心，能打败你的终究是你自己。"

　　小安在一张明信片中这样写道。

相见不如怀念

小妖寂寂

　　小九来了深圳，我也在深圳，两人一直嚷着见个面，却又一直没见上。总是她说忙，一会儿要搬家，一会儿要找工作，一会儿要考证，一会儿太累了要休息……我有点儿淡淡的失望。

　　2008年的时候，新浪博客上盘踞着大量的《中学生博览》的作者和读者，我和小九就是其中的两只。然后，茫茫的网海里我们相遇了，并且一见如故。互加了QQ以后，每天都要聊，像有说不完的话一样。开心就瞎侃，不开心就可怜兮兮地向对方讨笑话，求安慰，肆无忌惮地索要着关怀、温暖与宠爱。

　　也许因为年轻，也许因为共同对文字的热爱，我们仿佛遇见另一个自己，惺惺相惜得不要不要的。分享彼此的小秘密，通信，互赠礼物，在空间日志里为对方写下一篇又一篇的文字，甚至我家弟弟读了，都酸溜溜地跑去跟母亲大人告状，说在我心里，他的地位还比不上一个我从网上认识的人。总之，两个素未谋面的女孩子之间的感情，美妙得不可思议。那时候，我们怀揣着最大的诚意和善良，理所当然地认为这情谊是一辈子的事情。

　　2011年底，小九失恋了。伤心之下她买了一张火车票，在平安夜那天从长沙逃到深圳找我。那是我们第一次在现实里见面，却自然得仿佛已经见过无数次那样。我带着她去吃学校旁最热门的火锅，带着她去逛超市，带着她在夜晚的时候登上了我们学校最高的科技楼去看城市的万家灯火。站在十八楼的天台上往远处看，世界那么远，那么小，仿佛天地之间只有我们两个小姑娘。脚下是高楼，远处是霓虹一样闪烁的光，身旁的女孩忽然就朝我张开了双臂，她忽闪着大眼睛，第一次喊我姐姐，她说，好姐姐，抱抱我好吗？然后在我的怀里，小九用力地哭了起来。再后来，我也哭了。

后来我就在想，大概这辈子我都不会忘记我们在十八楼天台上相拥而泣的夜晚，以及第二天我送她坐车回长沙，却因为赶时间而在路上跑掉了鞋子的狂奔。那时候我还想，小九也一定不会忘记这些瞬间的。

从深圳回去后，小九说她每天都背着我送她的小挎包出门，心里满满的都是暖。我说我每天听着她给我买的小闹钟铃声醒过来，睁开眼就会微笑。再后来，小九和她来深圳看我时认识的我的学长谈恋爱了。我调侃她终于走出失恋沼泽时，她说青春哪里来那么多暗伤啊，不过都是些季节性过敏引起的粉刺，好了就要继续勇敢爱。我想想，真有道理。

时间往前推移，眨眼，我们已经隔着网络陪伴对方走过了最鲜活的那几年青春，然后先后毕了业。毕业后的小九要来深圳，好结束与学长长达三年的异地恋。我的心里也是美美的，想着小九来了深圳，我们就再不用对着电脑互诉衷肠，我们可以手挽着手一起逛街，一起吃饭，一起去看电影。

然而，从3月的时候小九来到我在的城市，到12月，我们却没有见上一面。隔着那么近的现实距离，也许我们还曾去过同一家书店，坐过同一辆公交车，却始终没有面对面地站着对彼此微笑。

与此同时，更让我觉得怅然若失的是，我们在网上也开始长久地沉默。直到有一天，我们在地铁站擦肩而过的瞬间，我把那个熟悉又陌生的女孩儿叫住。是小九，真的是她。然而，短暂的惊喜后，彼此都赶路的我们只是匆匆地打了个招呼，便转身离去。

转身的那一刻，连我都惊诧于自己的自然，在茫茫人海里遇到，我不是应该紧紧地拉着她的手，眼眶里闪起激动的泪花吗？也许时光一不小心也让我变了模样，似乎，这样的云淡风轻也没什么不好，至少，我不再怅然若失了。是啊，都说相见不如怀念，既然可以选择美好地怀念，又何必一定要淡然相见，这么想着，我终于释然了。

061

伤疤不会自己疼

当我在跑步时，我在想些什么

海服同学

打开Nike running，调开音乐列表里"跑步超燃"的合辑，拉伸，开跑。

接着这四个连续动作的便是五十分钟的慢跑，从绕操场第一圈时的气喘吁吁到第十五圈时的泰然自若，这些都被湿透的运动上衣和拂过的夜风一一见证。

自小就觉得自己是个不同于常人的姑娘，所以，十四岁时敢一个人出门旅行，十五岁时面对一众人纠结的学文学理能一早做下决定，十六岁为了自主招生也敢一个人在上海奔波半个月。而步入了十八岁大关后，才发现其实这些不同仍被限制在生活的框架里，就像你以为那些年你和暗恋过的男同桌发生的故事是特有的青春情节，但当你看完《最好的我们》会不解，咦，耿耿余淮的故事怎么和我们的那么相似？于是你的微信里的推送有越来越多的鸡汤文，教你怎么有意义地度过大学，教你怎么变成一个有魅力的姑娘，无非这三条，读书、健身、经济独立。

在抱着泯然众人矣的心思翻看鸡汤文时的我大概也不会想到这句中的"健身"给我打开了一个新世界。

只要你跑起来，面向的整个世界就都是你的。不再有每天晚餐后的懒散困乏而是假装自己是个超人要奔跑着拯救世界。第一二公里的时候，喜欢感受整个操场的气息：草地上一群少年在踢足球，球会不会砸过来呢？旁边的国旗护卫队的姑娘们还在练习走正步，整齐的节奏也很有魅力呀。今天是晴天，抬起头也能看到远处广州塔塔顶的光呢。第三四公里时，每日的生活在脑海里整整齐齐地呈现：今天的德语阅读似乎有进步？可是德英切换仍然烧脑。第五六公里时，会期待一下还到不了的远方和割舍不了的兴趣：唔，下周要去看好妹妹演唱会啦；之前逛宜家时那间样板房的设计我好喜欢呀，以后也要这种家具风格呢……

我不喜欢嘈杂节奏感强的电子背景音乐，相反，杨千嬅和陈奕迅的歌却意外地适合我去跑步，她在《勇》在《野孩子》在《飞女正传》中唱出来的孤勇和决绝，恰好契合了某个阶段我的心态。而陈医生的《葡萄成熟时》也能稍稍抚平我急躁的性子，告诉我"你要静候，再静候，就算失收始终要守"。

跑完六公里，在双杠上压腿时偶然想起了开学典礼时校长说的一句话："我希望你们大学四年多去两个地方，图书馆和操场，图书馆是你吸取知识的地方，而操场，是你释放一整天的不快与疲乏的地方。"

带着额头上的汗咕噜咕噜喝下一口温水，一边想着明早要吃什么一边走回寝室，这就是我每天最喜欢的，最有生活气息的一幕。

所以，去跑步啊，趁夜空的风里还有青草和冰淇淋的香味，趁你还有未来可以期盼，趁你还可以在健身的名义下找寻一下真正的自己。

我在毕业前捡了个男朋友

蓝格子

　　我第一次见到Q的时候是在操场上，他穿着宽松的白衬衫，下身套着一条浅蓝色的牛仔裤，走上前来说了一句："师姐好。"

　　是的，他是小我两级的师弟，而这次我是"奉旨"来给他拍摄照片的。

　　4月的篮球场已经有了热意，他一手捧着篮球，一手不停用纸巾擦去额头的汗水，对着镜头不好意思地冲我笑了笑。该怎么形容这种笑容呢？就像是冰川突然融化般渗出了暖意，像是尝到了西瓜最中间的一口，也像是等待许久天边突然露出的初光。也就是在那一刻，我想，我一定要和这个人在一起。

　　这是我和他的第一次见面，他叫了我一句"师姐"，临别时说了句"谢谢"。

　　很多时候我在想，勇气这种东西会不会是有限度的，当你透支干净的时候就不会再有了。

　　五一假期时我找了个蹩脚的理由便约了他出来，一向擅长赖床的我竟破天荒六点半起了床，坐在桌子面前发呆，思索着要以怎样的造型出现在他面前。衣服换了一套又一套，床上也越堆越高，最终还是选择了最简单的搭配。呆坐在桌前担心自己的妆容不够好看，一遍遍缠着舍友询问。

从六点半到十一点，我保持同一个动作度过了最胆战心惊的一上午。

这是我第一次和他吃饭。当然，我没有吃饱，并暗自发誓要带他吃遍全天下的美食。

这大概是我能做出的最郑重的承诺了。

他高我二十二厘米，每次出门时总是弯着身子和我说话，而我蹦蹦跳跳，心里温柔得快要开出一朵花。

大抵是聊天过多的缘故，两个毫无交集的人竟无意中熟识了起来。我总爱叫嚣着要嫁给泡芙，而他低着头看着我笑，也不过多言语。

直到某次，他发来微信，询问我在哪里，得到答复后便让我下楼拿泡芙。

树下有少年，玉树临风。我想要将这句话送给他。

他将手中的泡芙递给我，又送我去了课室，转身离开的时候我听见心中的声音："嗯，就是他了。"

这是他第一次给我买东西，也是我吃过的最好吃的泡芙。

在我朋友圈秀了一通恩爱后，很多人会问及我们在一起的细节，我便爱缠着他重复当初喜欢我的场景。

本以为是我一厢情愿，哪知是两情相悦。这可能是最好的剧本了。

端午相约去阳朔时，我因为吹了风突然开始生病，感冒到迷迷糊糊便也什么都敢说了，冲动之下便直接表白，然后收获了一个男朋友。当然，我在感谢这场感冒的时候，也在遗憾自己为什么不能多等一会儿，毕竟他可是做好当天下午就表白的准备，哪知被我抢了个先。

我大他两岁，他高我二十二厘米，这听上去还挺般配。

那是我第一次和他旅游，也是在一起的第一天。

我是个很注重仪式感的人，每一个第一次都对我至关重要。

也幸好，未来有他陪我去闯了。

你来到这个世界上，
不是为了和所有人一样

亚小诗

我不止一次写到好朋友小雨，今天又要写她了。

前几天跟小雨聊天，聊起去年的这个时候，她感慨万千。去年此时的她，正在备战研究生考试，每天早出晚归，像一个住在图书馆里的人。

小雨的本科学校比较一般，她是寝室里唯一一个考研的人，别人也不是没有过这念头，只是大家似乎达成了一种共识——算了，那些本科比我们好的人都考不上，我们更考不上了，懒得受罪。

于是，室友A在跟男友煲电话粥的时候，小雨在复习考研；室友B在寝室盘着腿追剧的时候，小雨在复习考研；室友C在逛街买买买的时候，小雨在复习考研；室友ABC一起K歌聚餐的时候，小雨还在复习考研。

小雨有时也想加入她们，成为集体的一分子，可是，对于考研狗来说，一丁点儿娱乐有时都像是罪恶。渐渐地，室友们什么活动都不带小雨了。小雨一个人活成了一支队伍，在图书馆埋头复习，奋笔疾书。

心情不好的时候，她也会给我打电话，她说，感觉自己好像做错了什么事一样，选择跟别人不一样的路在走，像一个异类，甚至像个徒劳的傻子。

我告诉小雨，有的时候别人孤立你，其实不是别人坏，也不是你坏，仅仅只是，你跟别人不一样而已，而不一样，并没有错呀。

说奋斗也好，说煎熬也好，小雨挺了下来。

现在的小雨是一名在校研究生，念自己喜欢的专业，开始懂得打扮，也有关心她的男友，偶尔当家教挣点儿外快，每个月还能收到国家发放的补贴，小日子幸福得不要不要的。

她很感激当年为考研奋斗的自己，也感激自己没有为了合群而放弃做一个"执着的傻子"。

写作以来，认识很多优秀的姑娘，今天想讲的这一位，她比较害羞，不想透露姓名，那就像平常一样，称呼她姐姐好了。

姐姐在政府部门工作，性格比较温婉，爱写点文章，养养花草，丈夫顾家，小孩儿成绩好，算是比较小康的家庭了。姐姐工作之余开了个自己的公众号，写点文章，小情小感，当是对生活的一个记录。

当时同事们有点儿无法理解，甚至笑她："平常上班写那么多文书报告还不够累的？下班了还给自己找事做，放松放松多好。"似乎在同事眼中，下班后唱歌、喝酒、打麻将才是正常的，而写文章是不正常的。

姐姐一笑了之，因为她确实对唱歌、打牌什么的，没太多兴趣。她继续用心经营着自己的小天地，更新频率不高，但每一篇都很用心。

因为文采不错，加上某几篇文章的意外走红，姐姐从一个只有亲戚朋友关注的百人小号，渐渐变成了拥有数万粉丝的"小网红"。读者愿意给她的好文采赞赏，甚至有广告商找上门来合作，出版公司也上门来想给她出书。

原本只是自娱自乐的小文章，居然改变了她的生活，甚至圆了这个小城大龄女性的作家梦，连姐姐自己都说不可思议。而当时那些不理解她的、觉得她闲着没事干的同事们，再也不说她闲话了，反倒经常有人来套近乎："我跟别人说你是我朋友，他们都好羡慕我嘞。"

小雨也好，姐姐也罢，也许一开始都被认为是不合群的异类，但正是这种不合群，让她们成为更好的自己呀。

在许多人不知道自己要什么、喜欢什么的时候，你清楚地发现了自己的目标和兴趣，为什么不去好好守护呢？合群是个中性词，合群不代表正确，不合群也不代表奇葩。

不要因为跟别人不一样，而误以为自己有问题，而磨平棱角去迎合人群，那些别人眼中格格不入的，或许正是你闪闪发光的地方。

你来到这个世界上，不是为了和所有人一样，按照内心去活，才能遇见无限可能的自我。

少女心是一种超能力

巫小诗

不知从何时开始，少女心成了一个贬义词。

她穿了一件低于自己年龄段的衣服，她真是个卖萌装嫩的少女心；她热衷收集各种特殊意义的小物件，她真是个幼稚浮夸的少女心；她外表成熟却总在看书看剧时流泪，她真是个敏感忧郁的少女心。

少女心似乎成了扭捏作态、装可爱、玻璃心的代名词。可是拜托，少女明明是最美好的一类人啊，少女心明明是一种战胜不美好的超能力啊，为什么不会飞的人，要说会飞的都是妖怪呢?

今天想讲一讲，这些年我所遇见的拥有超能力的少女心们。

在台湾上学时，我特喜欢我的小说课女老师。

她有着恬静知性的长相，每次上课都穿着连衣裙，裙子款式类似，胸针却基本不会重复。初次见她我以为她才三十出头，后来得知她已经四十岁了，还是两个小孩的妈妈，我简直不敢相信。

她偶尔在课堂上提到自己的一儿一女，比如"今天哥哥教了我一个道理"，或者是"今天妹妹又生我气了"。她熟悉各种热播的动画片，喜欢工作之余同孩子一起画画、做甜点。她跟子女的相处方式，就像是同龄人之间的朋友关系。

老师的口头禅是"太神奇了"。她这样评价她的一位老同学：

"中学的时候，他就超爱喝碳酸饮料，几乎每天都喝，现在也还在喝，太神奇了！他居然还活着。"惹得我们一番捧腹。

在讲到某篇爱情小说时，说没谈过恋爱的男同学不一定能读懂。男生反驳为什么女同学会懂，她说："我们女生天生就是会谈感情的动物啊，而男同学要教才会懂。没读懂的男同学，可以课后请教一下女生，当然也可以聊点儿小说之外的。"

线下交情很好的一位插画作者，在我途经她的城市时，约我去她家吃饭。

去之前她自黑地提醒我，不要对一位无业宅女的出租屋抱有太多期待，事实证明，她远远超出了我的期待。

她运用自身特长对出租屋进行了别致的装修，房东因此大悦，当场决定每月少收她二百房租。我很疑惑为什么要贴钱去装修不属于自己的房子，她却说，哪怕是租来的房子，也要把它住出家的感觉啊。

靠画画养活自己的她，居然坚持着做手账的习惯，每天发生的呆萌日常，观影、观剧、观展的心得体会，她都用图文并茂的方式记录下来，翻阅起来简直少女心爆棚。

她说，养活自己的那些画是画来取悦读者、取悦客户的，而手账里的那些画，是画来取悦自己的。以后也许我不会红，但我会老啊，这一本本的手账，就是我留给中老年自己的怀旧读物，想到以后沧桑的我翻着自己的手账感慨"我年轻时候真是个蛮有趣的人啊"就感觉不错呢。

见过很多课余兼职的大学生朋友，有的抱怨工作累工资少，有的羞于让别人知道。总体来说，兼职对大部分学生而言，并非一件轻松愉快的事情。

但Apple不同，每天在店里看到她都笑得傻乎乎。说来她的这个英文名字还有点儿搞笑，她给我自我介绍的时候，说完中文名，接着说英文名，她说"我现在的英文名叫Apple"。

哦？为什么是现在的？她解释道，她今年要兼职攒钱给自己换一台苹果电脑，要兼职好久噢，为了激励自己，干脆把英文名改成了Apple，这样每次别人喊自己名字，都是在给自己加油鼓劲啊。

我被她逗笑，贱贱地问她明年要换个什么英文名？她嘻嘻一笑，说不换了，Apple的产品是买不完的呢。

在Apple身上，我看不到学生兼职的无奈与尴尬，只看到一个自食其力的乐观姑娘，用少女心的超能力，把简单粗暴的物质欲望变得可爱起来。

老友重逢的见面语有很多句，我最喜欢的一句是"你一点儿都没变"。

对啊，无论经历了什么世风日下、人心不古、柴米油盐酱醋茶，你依然是当年那个你，那个少女时代纯粹的你，一点儿都没变，这样的你，真好。

想起蒋方舟二十五岁生日时，她微博底下的一条留言："与我同龄的女生，大都早就女人味十足，只有你，这么多年，不管你说了什么样的话，写了怎么样的字，做了什么事，在我心里一直是一副小女孩的模样，一直在成长，永远长不大。"

一直在成长，永远长不大，这就是少女心的超能力吧。

愿所有善良可爱的女性，能在变得更好的同时，内心永远住着自己的小女孩儿，带着少女心的超能力，去战胜这个世界的不美好。

谢谢我的不幸运

亚小诗

我家乡有句方言叫"拐子马"，字面上理解是瘸腿的马，实际多用来指代偏科生，认为他们弱项的学科就像马的瘸腿一样影响全局。

小雨就是典型的拐子马，她的英语一直年级拔尖，无人能及，而她的数学却顽固坚守着惨不忍睹的水准，贻笑大方。

人有时就是会跟某项事物八字不合的，即便她为数学花费了很多时间，依旧没什么提高，最终因为高考数学的超低分，总分距二本线一点点，抱憾上了一所三本院校。毕业这么些年，班主任还在拿她当反面教材警醒学弟学妹。

她自己倒是个乐天派，觉得念了喜欢的英语专业，再不用搭理数学，这就足够开心了。她生活自律，参加各种英语活动和比赛，兼职当家教的同时还年年拿奖学金，大学生活相当充实。

我从没见过她哭，但有一次，她在电话里哭了。

她把自己的英语家教信息放到网上，有位家长跟她联系，让她为自己初二的儿子补课，告知了住址和时间。等她借到了初二的教材，细心备好了课，准时到达对方家中时，发现客厅里还坐着另外一名家教。

孩子家长对小雨说："我先联系你的，后来觉得她也不错。这样吧，你们一人为我儿子上一会儿课，谁讲得好我就请谁。"

两位家教试讲完毕后，家长先让孩子表态。孩子说更喜欢小雨讲的，家长最后却执意选择了另外一位家教。

家长跟孩子说的是，要选一本的那位，不要选三本的。

她没有在朋友圈倾诉自己这次的不公遭遇，但这次的遭遇，让她坚定了自己要考研究生的想法。我对她很有信心，毕竟英语专业考研不考数学，她不再处于劣势。

她的目标是某所一线城市的一本类专业院校，难度和竞争都很大，为此，她大三的暑假没有回家，也没有做任何家教，在省图书馆附近租了房子，全身心投入备考。

我去过她那间长得像车库的出租屋，只有一层，很矮很矮，踮起脚能摸到房顶，盛夏的烈日烤得房顶发烫。没有单独的卫生间，洗澡得自己烧水，然后拎着小桶走到十几米外的公共间。洗完澡出来，天全黑了，这十几米也没有路灯，感觉黑夜的任何角落都藏着未知的危险。

我跟她说，咱苦不能白受，一定要考上啊。

她笑嘻嘻地点头说："没有很苦啦，我另外一位考研的同学，她的出租房还没有空调呢！"

在我静待着她的好消息时，跟高考同样的"差一点儿"魔咒再次发生在她的身上——差四分过线。我一边心疼一边很笨地安慰她："六百多人竞争三十个名额呢，你打败了大部分人，已经很厉害了。"

她没有哭，买了一张火车票，十几小时的长途跋涉，去看了一眼跟她无缘的那所学校。然后给我打了一个漫游电话说："我觉得人不能认尽，差一点又怎样？付出更多去补上就好了，我明年还想考一次！"

我被她动容，但是未来的各种未知让我无法跟上一年那样全力支持她。她让我放心，她会去找工作，一边工作一边挤时间备考，不让家人和我太为她担心。

后来，她找到了一份相对清闲的工作，也在离单位很近的地方租到了性价比不错的房子，比之前那个"小车库"好太多。

她白天上班晚上备考，卧室只有一个梳妆台，上面堆满了考研辅导书，角落里几样零星的化妆品在它们自己的地盘显得势单力薄。

我问小雨，后悔吗？她说没有，相反，她有点感激自己一直以来的不幸运，如果高考多了那么几分，如果考研多了那么几分，如果请家教的那位选择的是她，她或许就不会这么拼了，或许这几年就浑浑噩噩过去了。

"因为不幸运，所以要拿更多别的去补上。"

刚过去的那个冬天，小雨参加了她人生的第二次研究生考试，暂未放榜，祝她如愿。

努力乐观如她，值得拥有世上一切的好。

我们的少女时代

赫　乔

这个冬天最悲伤的事情，可能就是和闺密去看了《我的少女时代》，坐在人满为患的电影院里，周围一片情侣的欢声笑语，我们虽然也托着整颗少女心花枝乱颤，但还是在某些地方，被虐到，被深深地戳中。

这部电影，首先，教给我们很多知识，尤其对于男生。比如：女生说"没关系"就是"有关系"，说"我没事"就是"有事"。当一个女孩儿说"我再也不理你了"，不是她讨厌你，而是她在乎你，非常非常地，在乎你。认真地回忆往昔，我也经常会对外卖小哥说"要是还不送饭就不用送了我不吃了"，但其实，我，非常非常非常饿。

回归少女的正题。

看电影的时候，闺密说，你看，林真心和徐太宇在公园滑冰的时候，他们收养的叫瓦仔的狗在一旁看着，那时候我突然想，我们好像那条狗啊，我一瞬间就理解了"单身狗"这个词……还有啊，就是他们的生活，他们的时代，天哪，我们真的有过青春期吗？

对我们来说，那样闪闪发亮的少女时代，似乎只在台湾青春偶像剧里反复重演。现实中，更多的女孩儿没有主角光环，不会一打扮就惊艳众人，不会一表白就惹人心动，我们平凡地度过校服和发型都算是黑历史的学生时代，会嫉妒某个最漂亮的校花，会在心里藏一个穿白衬衫在太阳下熠熠生辉的校草。

有朋友问到我的"少女心史"，我思考良久，才终于回忆起是在初中的时候，曾偷偷地喜欢某个一米八的篮球少年，而现在别说是面容，连名字都记不起来。那可能是自己唯一的流星般划过的心动吧，但也直接影响了我对男孩子的好感，始终停留在"一米八以上，打篮球很帅"这样的印象上。

有很多喜欢我文字的姑娘们会加我的QQ，和我讲她们现在的小情愫：某一个前桌的回眸一笑有多暖心，某一张纸条里羞涩的表白让人多惴惴不安，再或者，是已经偷偷地顶着校规高压开始了"地下恋情"，我都会说那几句老生常谈：别公开，别影响学习。

其实，最好也不要轻易表白，只要在一起，怎么都好，哪怕就是单纯地养一只小狗，日久生情，狗又生狗，以后的日子还长得很。

有人说："《我的少女时代》，其实是别人的少女时代。"我说："你的少女时代，对我来说，也是别人的少女时代呢。"如果硬要回忆的话，纵然很多傻气和窘迫的往事如烟，纵然没有人陪你淋过一场大雨，没有人和你一起反对"专制"，纵然当年的手足姐妹如今散落天涯，但是哪怕只是在食堂里拼几张桌子请大家吃鸡丝面当过生日，哪怕只是站在六楼的阳台外擦着玻璃给里面的人做鬼脸，哪怕是在英语课上对答案发现完形填空二十道题全错，这些没有被岁月完全风干的记忆，零碎，却别样地折射着青春的光线。

反正呢，我有时候会和人讲起，有个冬天，晚自习结束后，自己一出教学楼就滑倒了，顺着学校的天然冰场直接撞倒一片自行车。现在还要跟人解释，才不是像"老太太钻被窝"滑过去的，我是侧滑，特别潇洒的那种，嗖——咣！每次回想那一刻，都觉得自己好牛，站起来拍拍衣服上的雪，就走了。

当然我也会后悔没有继续学画画，没有成为更酷的人，没有在朋友被通报批评时撕下门口的通知，没有趁着上课多读几本小说，因为有些书，真的是没读过以后就再也不会读了。也再没有一个少女时代，可以让我完成那些只属于少女的心愿了。

那你们呢，少女们？

白菜白菜我的爱

　　小白菜也有不凶的时候。她会给我买好多漂亮的裙子和衣服，会在周末的时候带我和弟弟出去玩。早上会给我们准备早餐，晚上会给我们准备麦片或牛奶，会给我们炖各种各样的汤，还会带我们去逛超市买吃的。有的时候作业很多，小白菜就会在一旁陪着我，直到我写完。冬天来临的时候，小白菜还会给我们织毛衣，小白菜会的样式可多了，每次我穿着好看的毛衣出门，别人都要向她请教。

白菜白菜我的爱

亦　然

白菜其实不叫白菜，叫小白菜，是我麻麻的QQ昵称。

小白菜之所以叫小白菜，是因为她申请QQ那天家里正好买了白菜，但是她觉得"白菜"一词不够可爱，就在前面加了个"小"。

从此，我的QQ、微信、手机联系人都有一个叫小白菜的女神。

小时候犯了错，爸妈都是一个唱红脸一个唱白脸。毋庸置疑，小白菜就是我们家唱红脸的。

我一直都不喜欢做作业。所以小学时候的每个星期天，我都会在小白菜的"作业写完没有你就看电视！""没写完还不快去写！还看！"中，从客厅屁颠儿屁颠儿地奔回房间，开始做作业。小学的时候我很调皮，经常跟着邻居家的小男孩儿到处跑，有的时候摔破了皮，小白菜也不会哄我。她只会在帮我擦完药以后和我说"知道疼下次就机灵点儿，女孩子要学会保护自己"。小学的时候我不喜欢吃饭，小白菜也不会哄我，她只会让家里所有的人都不给我零花钱，饿得不行了我还是乖乖地上了饭桌。小白菜几乎不给我零花钱，我缺什么她就买什么。她说小孩子不能太惯着，所以我的零花钱都是趁她不在家的时候偷偷向爸爸要的。

有的时候犯了错又不听管教，小白菜就要动用武力了。她打起我来从来不会手软，树枝衣架扫帚，什么顺手用什么，而且只打小腿，直到我承认错误并且保证下次不再犯。通常爸爸不在家的情况下，我都会机智地乖乖认错。等到爸爸回家了再去和爸爸诉苦，为了安慰我受伤的小心灵，他会把我带出去买好多好吃的。

　　每次小白菜凶我的时候我都想快快长大，长大了就能像堂哥那样在外面工作不回家，小白菜想凶我也凶不着了。

　　当然，小白菜也有不凶的时候。

　　她会给我买好多漂亮的裙子和衣服，会在周末的时候带我和弟弟出去玩。早上会给我们准备早餐，晚上会给我们准备麦片或牛奶，会给我们炖各种各样的汤，还会带我们去逛超市买吃的。有的时候，作业很多，小白菜就会在一旁陪着我，直到我写完。冬天来临的时候小白菜还会给我们织毛衣，小白菜会的样式可多了，每次我穿着好看的毛衣出门，别人都要向她请教。

　　这些都是我十岁之前对小白菜的记忆。

　　在十岁那年，我最后一次见到小白菜是在法庭上，那个时候她和爸爸都想要我的抚养权。但是最后我还是选择了爸爸，原因我不想说。但是我一直记得她向我张开双臂我却被拉走时她泛红的双眼，还有她哽咽着喊出来的"侬侬"。

　　他们离婚后我爸一直反对我和小白菜有任何联系，所以在那之后的两年，小白菜都没有在我的世界里出现过。

　　初二的时候我患了急性阑尾炎，麻醉剂的药性过了以后伤口特别疼。躺在病床上的我不知怎的，就想起了以前小白菜帮我擦药时的场景。如果她看到躺在病床上喊疼的我，她应该就会哄我了吧。

　　伤口疼痛，心里也难受，我在病床上哭了很久。

　　其实他们离婚后我因为想念小白菜哭过很多次，但是她换了手机号，我完全没有她的消息。

　　从手术室出来我就一直盼望着小白菜能来看看我，但是一直到我出院她都没有出现。

直到我出院回校的那天，班主任把正在上课的我叫出去。

在办公室我看到了那个我念了将近两年的人。她看起来比以前老了，我知道一个女人在外打拼不容易。

我哭着问她是不是不要我了，那么久都没来看我。

她一边摸着我的脸一边哽咽地和我说，怎么会呢。

她说她很想我。她说她一直在打听我读哪个初中。她说她知道我动手术以后很担心，她去了医院，但是爸爸没让她见我。她说她知道我爸带回一个后妈，她和我说："如果后妈对你好，你就要加倍对她好。就算她对你不好，你也不要怨恨她。毕竟她还要和你爸一起生活。"她说她最怕我在家里受委屈。她说在家受委屈了一定要告诉她，不管怎样，我都是她的宝贝女儿。

从那以后小白菜每隔一个星期就会到学校看我一次。每次来都会带很多我喜欢吃的零食给我，时间充裕的时候还会带我去玩儿。

快过年的时候小白菜决定带我去买新衣服。她带着我去了小时候经常去的那家童装专卖店。我和她说我已经长大了，不是小学生了。她的那句"我还是会觉得你才十岁"听得我想哭。

2010年，我上了高中。学校离家更远了些，小白菜还是像我初中那样时不时到学校来看我，给我买我需要的东西，带我出去逛街吃饭。除了不能同时见到爸妈以外，我觉得我仍然是一个同时拥有爸爸妈妈疼爱的小孩儿。

离婚以后小白菜就再也没有凶过我。我曾经和她开玩笑说是不是我小的时候就把她这辈子凶我的机会都用光了。她说："妈以前会凶你是因为妈妈觉得小孩子就应该严格要求，不能惯着宠着。可是现在啊，我只想趁自己还能宠你的时候加倍宠你。"

高二的某一天，小白菜在电话的另一头小心翼翼地告诉我她找了一个男朋友。我说只要她喜欢就好。她的语调顿时变得欢快起来，即使看不到她的样子，我也能想得到此时此刻她脸上肯定写满了幸福。

小白菜告诉我那个叔叔家距离学校不是特别远，让我周末回家吃些好的补补。所以周末的时候只要我不回爸爸家，我就回小白菜那儿。

我特别喜欢胡萝卜玉米炖排骨，喜欢到让我连续吃上一个月我都不会腻。用哥哥的话说就是只要看到它就知道我要回家了。那段时间我几乎天天往家里跑。某天我回家的时候哥哥特别认真地问我他的脸是不是特别红润，我说没有。他左手扶额，双眼微闭，用很柔弱的声音说：“真讨厌，人家都吃了十天的胡萝卜炖排骨了脸还不红润！”当时喝汤的我一个没忍住喷了他半身。

我曾经和小白菜说过我想当医生。小白菜不同意，她说医生太辛苦，她舍不得我那么辛苦。所以上高三后小白菜只要有时间就“教唆”我报考师范院校。她说老师假期多，工作也不会很累。她说她不希望我当一个女强人，一个女人在外打拼太辛苦。我知道，她消失的那两年肯定吃了很多苦。

真正报志愿的时候小白菜并没有多说什么，她让我自己决定，我喜欢就好。最后我还是选择了师范院校。原因？我怕黑。

其实小白菜和我爸爸离婚的原因我并不是很清楚，我也不知道爸爸为什么那么反对我和她有联系。但是他们孰是孰非和我又有什么关系呢，不管怎样，我都爱他们。就像小白菜和我说的——

虽然爸爸妈妈离婚了，但是我有两对父母爱我。别人有的我一点儿都不会少，不管怎样我都是她的宝贝女儿。

回首旧日薄，伴汝岁月长

三倾荟

大人们是最宠我的，在妹妹们出生之前。

妹妹们是外婆家的表妹，晨晨小我八岁，是阿姨的女儿，妹妹是舅舅的女儿，小我九岁。

晨晨叫司晨，我特地翻过字典，这个名字意为主宰早晨，她爸爸给取的，因为她是早上出生的。妹妹的尾字是"婕"，按习惯该叫"婕婕"才是，但作为姐姐的我不甘愿吃这个亏，就叫她"妹妹"了，三声加二声，拖长音，闽南人的叫法稍显甜腻。

晨晨小时候的"床"是旧式摇篮，竹编的，两头支撑的木桩底座特地做成了弧形，以便于左右摇晃，据说还是我婴儿时期睡过的。那时晨晨未满周岁，白日里的大部分时间都躺在摇篮里昏睡。每每我放学回家，忙碌的大人们便将摇篮里偶尔低声哭闹的晨晨托付给我，让我负责摇她睡着。

我通常是这么做的：搬把四角凳子在旁边，有时边看电视有时边看书，只分出脚上的工夫去踩那个木条，一下一下，晨晨的哭闹声便渐渐消失在木条和地板有规律的碰撞声中。踩得久了，我甚至上瘾，哪怕晨晨已经睡去，我还是会继续踩木条，使得摇篮"轻轻"摇晃。

这个"轻轻"的力道并不好掌控。最夸张的那次，我不小心使过了力气，脚却来不及将倾斜的木条踩稳，整个摇篮在一瞬间倒向了另一边，木条底座有一边朝向空中，呈九十度角。

在摇篮里的晨晨不会掉下去吧？

我连忙将摇篮掰回来，可是来不及了，晨晨已经被折腾醒了，哇哇大哭。我不知所措，幸好放学时买的廉价零食就放在边上，我连忙塞了一小块到晨晨嘴里。也许是因为这廉价的零食是晨晨味觉之外的世界，她竟真的止住了哭泣。

晨晨幼时十分黏我，长到会用几个单音节词表达自己的意思的时候，餐桌旁的她就开始指定喂她吃饭的人选了——"姐姐""姐姐喂"，一定要我坐在她身旁，才愿意一口口地吃下饭。有时想着出门和小伙伴玩的我心里刚升起不耐烦，那个垂直的摇篮画面便会从脑海中闪过，愧疚心起，我再次在餐桌上坐定。

妹妹小时候有个绰号叫"二齿"，"齿"按闽南语发音成"ki"，四声，最后还要加个语气词"ei"，叫起来十分好玩。原因简单，当时妹妹长牙，有两颗牙先冒了出来，过了好长一段时间才长出第三颗。

夏天的时候，庭院边的走廊铺张席子，就是妹妹们的活动场所了。尚未长出第三颗牙的那段时间里，妹妹还剃了个光头，阳光从二楼的栏杆上斜照下来的时候，她的光头便闪闪发亮。最为好笑的是，每当家里人经过时唤她一声"二齿"，她便会机敏地抬起她的小光头，然后笑起来，露出引人注目的两颗小牙。

大概到了她俩三四岁的时候，家里人考虑到营养因素，专门给她俩订了羊奶。那段时间，我靠近她们的时候，总能闻到她们身上的奶味儿——羊奶的臊味儿，我原先是不喜的，闻久了她们身上的味道，反倒喜欢上了，抱着她们的时候总喜欢嗅嗅她们的衣服。

后来我到外地上初中、高中，再到现在在离家乡很远的北京上大学。

寒假回家，妹妹们已经读三四年级了，见到我，她们还是会老远就唤一声姐姐，然后跑过来站在我身旁。她们是不敢拉我的手的，要我先笑着去握住她们的手，热热闹闹地聊一会儿天，她们才能多少找回些幼时的亲密。

重温我初中时就喜欢的小说《你好，旧时光》，书从五岁的余周周在昏暗的房间里扮演自己的个人小剧场开始写起，写她慢慢地长到十二岁，再到小说结尾未尽的以后。字里行间，我遇到了很多幼时的瞬间。成长的经历各不相同，却总有些细枝末节能赢得所有人共同的回眸，昭示着所有人都曾拥有过的无忧童年。

我确实也和余周周一样，曾在头上披满绫罗绸缎扮演白娘子，但那到底是几岁的事情呢？五岁吗？我记不得了。

我想起妹妹们的五岁，我很喜欢的一张照片，恰是她们五六岁那会儿拍的，两个人都站在外婆家洗衣服的水槽前，还没槽长得高，妹妹要比晨晨矮一个头，两个圆滚滚的小人儿学着孔雀舞的姿势，朝同一边伸出小胖手指，表情认真。

我突然发现，就连妹妹们的五岁，也已经离我很遥远了。

在我不知道的夜里，妹妹们抽节生长，变得细瘦，看到照片里幼时的自己她们会暗自称奇："这个难道是我吗？"

小孩子就是这样，哪怕是自己的照片，也没法对着镜子复原。像一瞬间长大，对着镜子，看不到幼时痕迹，看到的，都是时间。

都长大了啊。我又记起她们出生没多久的样子，整张脸都皱皱的，长得像个猴子。当时看见半个月大的晨晨后，我妈问我觉得表妹长得和谁像，我说"看不出长得跟谁像，小孩子长得真丑"。

现在她们则已经是大姑娘了，晨晨长得很快，已经要到我的肩膀了。

从妹妹们的身上，我好像多少可以理解一点儿大人的想法。小孩子总像是一夜之间蹿个儿的，个子蹿了，但大人眼中，总还是那个小孩子。

哪怕妹妹已经开始晃着我的手，跟我念叨班级里谁的成绩好，又有哪些男生喜欢欺负女生；哪怕晨晨已经会在看电视的时候给我普及偶像剧里各个角色间复杂的感情关系，也会在男女主角接吻时迅速地抬头瞄我一眼，我还是觉得她们仍是小小的妹妹们。记忆里有关她们的，总是那个席子上度过的漫漫夏日。

但也恰是这些时刻，让我那双总是黏附在过去的眼睛不再恍惚，重新在她们身上凝眸。已经快要步入青春期的她们，在我不知道的时候，早就走进了更大的世界——席子之外的大世界。

这多令人欣喜，又难过。

借着余周周的经历，我在细枝末节中重遇了幼时的我。

理解是很难得的，哪怕是对自己的理解，隔着漫长的时日依旧稀缺而珍贵。长大之后，有多少人愿意给幼时的自己，留下一丝温柔的视线。

这样的理解，我想要在妹妹们成长的过程中，给予她们。

却总恍惚地觉得，她们一瞬间长大，我还没有机会交付我的理解，她们已经选择两个人聚在角落里聊自己的小秘密，站在不远处的那个表姐，离她们的世界好像很远，很远了。

但我愿意对她们招招手，说声，欢迎长大。

085

白菜白菜我的爱

我在夏末午后听过你

醉可一

一

初次见你，我先听到的是你的声音。9月是夏天的尾巴，将秋未秋。我的座位在窗边，窗外的阳光透着热气，我还感受得到夏天的闷热。铃声响起，教室依然喧闹，我趴在桌子上猜这一节是什么课。"同学们好，我是你们的地理老师，我叫赵宇升，大家可以叫我升哥，但是不准叫我老师啊！"我猛地抬头，讲台上的你一口东北口音，爽朗的语气，年轻的模样，让台下的一群南方孩子炸开了锅。

很快，你跟班上的男生开始称兄道弟，放学后男生们打球也一定要叫上你。虽然东北纯爷们儿都比较粗心大意，但你对我们女生却都体贴入微。特别是对你心爱的科代表，总是很霸气地对着全班说要好好对我们的小科代表，谁要是敢欺负她你铁定揍谁！然后小科代表就会害羞地低着头，虽然脸上没什么表情，但我猜她心里肯定乐滋滋的。尽管他对班里每个人都很好，但是这种公开的赤裸裸的维护让我还是忍不住妒忌了。啊！我亲爱的班主任，你为什么要让我当历史科代表而不是地理科代表呢！

二

　　我并不是见人就羞答答的女生，遇到你却总是紧张得说不出话。我越挫越勇经常去找你问不会的题，可又在你认真讲题的时候忍不住看你认真的表情，以至于我每次问完之后还是一知半解。以前并没有遇到过那么爽快的老师，从小到大都是被教育看到老师要礼貌，所以我刚开始还是一直恭敬地叫你老师。直到有一天在问你题时，你忽然装作生气的样子对我说："你要是再叫我老师，我就揍你了！"认真的样子让我哭笑不得，终于还是别扭地叫了你句"升哥"，脸火辣辣地烫。你哈哈大笑地对我说，这才对嘛。我忽然觉得跟你的距离近了那么一点儿。

　　年少的情愫来得总是如此微妙。

　　一次夜修你走到地理科代表的座位，轻声地问她有没有什么不懂的，然后拿出了一盒雪糕给她。众人起哄，开玩笑地问我们怎么没有，他还是那样爽快的语气："大家别吃醋啊，科代表那么辛苦，我总得慰问一下是吧。"然后在同学们的起哄声中走了。

　　闹哄哄的教室，唯有我一个人低着头黯然神伤。下课铃声响起，我一个人走回宿舍，湮没在过道的人群中，我居然忍不住掉下了眼泪。

　　我被自己吓到了。

　　时间久了，班里的人几乎都注意到了我对你跟别人不太一样这件事情，你每次提问时总有男生在后面暗暗念着我的名字，偶尔你叫我起来回答问题，更是全班闹开了锅。你有点生气地叫他们安静，以为他们是在取笑我。

三

　　你说如果不能跟着我们上高二、高三，你就要选择离开，你说不想去认识陌生的人。

后来你就真的跟着我们上了高二，还有高三。在我们这所重点高中，对于一个新来的老师，我们都觉得能一路跟到高三真是一个奇迹。其实你教得并非多好，也没有什么经验可谈，但我们就是爱上你的课。你把我们每一个人当朋友，一开始就告诉我们跟你不需要有等级观念，所以就连最后排最调皮的学生都被你收得服服帖帖，每次考试，我们班的平均分都是全年级最高的。

认真之余，有时候也会有人打瞌睡，走神。换作其他的老师，或者会置之不理，又或者会恼火地骂人。你也会生气，但你的生气总让我们感到一阵爱意。

"俊笙！你在发什么呆呢？你不努力，以后怎么给你的小女朋友未来啊？"

"蓉蓉！想什么那么入神呢，又在想你家小男朋友呀？"

"若君！看哪儿呢，我就那么丑吗？你都不往这看！"

你每次都能用欢乐的方式把我们从神游中拉回来，从不以老师的身份压迫我们做任何事情。这让我们深深地爱上你，无法自拔。

我是经常走神的那一个，所谓经常走神，也不过是因为我刻意地装作发呆，好让你能大声地叫出我的名字。

"嘿！许达琳！怎么又走神啦。"

这句话成了三年里最动听的声音。

四

你一个人只身从北方来到南方，跨越中国的几乎所有纬线。入职不久的老师工资是不高的，你过着捉襟见肘的生活。在高三这种每个老师都在忙着赚补习费贴补生活的时候，你却坚持免费帮我们补课，常常一补就是一整晚，我们既感动又心疼。兵荒马乱的高三，你不比我们好受。

你没有一点教毕业班的经验，常常备课备到很晚，你说好怕耽误了我们。但事实证明经验都是浮云，我们班的学生几乎垄断了全年级第一。有实力的人从来都是拿实力说话的，你的人格魅力就是最大的实力，比起那些一堆证书的老师，我觉得你才是最无敌的。

五

后来我们拍毕业照，大家都抢着和你合影。我站在你身旁，你的手搭在我的肩上，咔嚓一声，相机定格了这让我铭记一生的一幕。后来，我们上考场，老师们站成一排微笑地为我们打气，唯独你大声对我们喊"加油"。后来，我们毕业聚会，KTV里你唱了一首《老男孩》，笑着对我们说年轻真好；你说以后去东北找你玩儿，你要带我们一起打雪仗；你说可能对于别的老师来说，我们是一群孩子，但对你，我们都是你的朋友；你说，祝我们前途似锦，快快长大。我记得，好多女生都低下了头不说话，大概是跟我一样，眼睛酸得睁不开了吧。

六

我还生活在南方，还没有看过雪。你最后决定留在学校，你陪伴了一届又一届的毕业生。我偶尔在网上给你发几句问候，偶尔看着那张你搭着我肩膀的合影发很久的呆，却从不提及你提问我时台下的哄笑。大概你不知道吧，那并不是对我的取笑，他们只是在帮着我告诉你，在我荒芜的三年里，你是我繁华的注脚。

妈妈藏的私房钱

心居久酒

1

小的时候，妈妈知道我喜欢吃包子，赶集回来就塞给我两个包子，怕其他小孩看到就让我躲着吃；长大的时候，妈妈知道我喜欢吃青枣，就微笑着说："吃吧，下次赶集再买。"

可是，这样好的妈妈，她的身体却总是欠佳。

准备上高三的那个暑假，我在城里的一家饭店做服务员，妈妈说她想来城里看看我。她来的那天我跟老板娘请了假，在她的车还没抵达之前我已在大广场等她。

妈妈到广场后就下了车，我们看见了彼此。夏日，空气微燥。

我扬着自己的近视眼，睁大眼睛看着妈妈缓慢走来，突然间觉得很久很久没有看见她。她还是那么瘦，肤色却变得有点暗，黑发里生出了不多也不少的白发，几缕短发丝在风的洗礼下凌乱地舞在额头上，身上的着装也偏暗色，似乎整个人和这明媚夏天的午后有点格格不入。但，她就是我的妈妈。

每次和妈妈久别重逢都有种陌生又熟悉的感觉，比例为1∶10。陌生是因为好久不见，熟悉是因为血浓于水。

我说："身体不好就别过来了嘛，开学之前我还是会回家的。"

她说："就是好久没见你了，而且我也想出来走走。"

妈妈说她想吃粉，我就带她进了一家粉店。

"这家的粉挺好吃的哦！"

"是不是真的噢！"

"当然了，我都吃过好几次了。"

……

粉店外面停着一辆红色的面包车，妈妈忽然喃喃道："会不会是你表哥？不知道他的车从交警队那儿要回来没有？唉，肯定又要花很多钱了！"

她是在思念亲人了，我知道。

晚上妈妈和我一起睡，好久没这样了。她跟我说了很多很多，很久很久。黑暗的房间里，只有她的声音是明亮的，仿佛我眼前的那一片黑已不再黑。

次日，妈妈便要回去，我的心情开始变得郁闷。

微凉的清晨，微凉的风。有卖早餐的人，有路过去上班的人，有开着三轮车驶过的人。

还有，要分别的我和她。

我叮嘱，回去之后要注意身体，该吃吃（药），该忌忌，能做的就做，不能做的也别硬撑了。

妈妈挥手拦了一辆三轮车，朝着车站的方向而去。送别的全程我所有酸涩的情绪被强制压在心里，只言片语过后静静地看着她上车，车子渐远，直至目光看不到拐弯过后的一切。所有的舍不得蜂拥而至，化作一滴滴水珠从眼睛里滚出来。

身体欠佳者，总是容易泛起思念，亲情搁在心里，念及的时候遥望的眼神投射出来的全是忧伤，而妈妈就是这样的人。

091

2

我高一那年，一次短假后准备返校。天还没亮，我还窝在暖被里睡觉，迷迷糊糊中听见厨房里有盆"咯噔咯噔"地响。我睁开迷蒙的眼，在黑暗里有几许光亮从门外温柔地照射进来。盆还响着。我起身去看，原来是妈妈，在暖黄色的灯光下，她正一手扶着盆一手和着面。我走过去："妈，怎么这么早就要做包子？""昨天有点忙忘了做，今天你就要去学校了，还赶车，现在做应该还来得及，你吃了再去，要不啊你又要去好久了，这些面本就是买来要做给你们吃的。"

想起那几缕照进房间的光线，我有一种暖暖的安详和感动。这个天不亮的清晨，我好像永远也不会忘记。因为有温暖的光线，有为我和面的背影，有好吃的包子，有妈妈的爱。

3

又一次收假回校，我接到妈妈的电话，我问怎么了，中午不是刚通过电话吗，我已经平安到校了。然后问她吃晚饭没有。她说还没吃，刚煮好，本来想着去客厅喊我和弟弟吃饭的，可是客厅却空无一人，电视机也冰冷地黑着屏，才想到我们都已经去上学了，这才打电话来随便问问。听到这里，我仿佛听到自己的心"嘭"一声碎成一片片，才多久，她就已经开始睹物思人了。老妈，我们不就是去上个学嘛，又不是去了北上广有时过年都不回的那种。可是挂了电话之后，我红了双眼。

不是去到了远方才会有思念，而是她习惯了我们在家的日子，在她身边的日子。

此后，每每想起她的孤单，我就好想能永远陪着她。

4

妈妈的身体常年不适，一干重活便胸口疼痛闷得慌。她也曾跟着爸爸去外省打工，可是她的水土不服特别严重，对异味也敏感，在厂里干着干着就能直接晕倒，身体状况越来越差，爸爸只好送她回家调养，才渐渐有了好转。

后来她买了一幅十字绣，认认真真地绣，她说绣好了可以卖个好价钱。妈妈常说，她现在的身体是不能指望再去挣什么大钱给我们姐弟上学了，她要趁有生之年赶快绣好，这是她所能为我们做的。

我和妈妈从不给彼此讲矫情肉麻的话，但是我无数次在心里说，只要你身体健康，身心快乐，就是给我们最大的爱，其他的真的没那么重要。

白天她要忙一些家务，绣十字绣只能放在晚上来做，开着插座上的白炽灯，戴上她的老花镜，一针一线仔细地绣，生怕错了这个环节、那个步骤。我坐在旁边陪着她，不小心又看到了她头上的银白发丝，干瘦的手指忙活不停。

妈妈只是在做着很多人都做的十字绣而已，可是我心里却一阵阵酸楚，因为那幅十字绣被她赋予了不同的含义，那一针针好像都扎在了我的心头之上。

5

每次外出之前，似乎妈妈都要给我上一堂关于人身安全的思想课。她说上次我一个人要转几趟车才能到学校的时候，她的心都提到了嗓子眼上。我现在才彻悟，原来她担心我就像我担心她一样，或许她的担心还要多，而我们都是常藏于心不表于形的人。

看着眼前已不再年轻的妈妈，我突然好想轻轻地抱住她，也好想抱住她逝去的青春。

寒假的时候，年底一家接着一户办酒席，钱也一点一点地拿去参加酒席，以及买该备的年货。

某天妈妈跟我说，她已经藏好了一笔钱，谁也不知道的，无论如何这笔钱都不能去动，等着我开学的时候，再带去……

谁都说，自己的妈妈是世界上最好的妈妈，而我，此生有你，夫复何求！

我的辛德瑞拉

言 语

1. 初见灰姑娘

灰姑娘不叫灰姑娘，这只是个绰号。虽然他没有恶毒的继母，没有金丝雀，没有南瓜车，没有水晶鞋……他和灰姑娘没有一点儿相似之处，连性别都不一样，但是每次叫起这三个字，我第一个想到的竟然不是童话故事里的灰姑娘，而是作为前桌的他。

开学第一天见到他，他并不出众，我甚至没有注意到他。直到一次轮到我们组值日，等我倒完垃圾回来，同组那些没良心的竟然已经将门锁上了！不过还好我的书包被人拿出来了，回到家后，一翻课本，一张便利贴露了出来，上面写道："今天的语文作业还有一篇作文哦。不用感谢我。"后面还有一句是：你的前桌，善良的灰姑娘。

呃，善良？灰姑娘？于是从那天起，这个颠覆了灰姑娘在我心中的形象的自恋狂成功地引起了我的注意。他长得确实清秀，有点儿像女孩子，说话的声音很小，性格很温柔，从某方面来说，他确实和灰姑娘有点儿像。

灰姑娘是我们班公认的"班花"，总感觉他对谁都以微笑相待，对我也不例外。理科学霸的他会耐心地给我讲题，有时候笨笨的我听不懂，他可以像第一次那样温和地将一道题给我讲三四遍。好吧，我承认他是善良的。

2. 消失的厌恶

我是我们班上不折不扣的女汉子。脾气大，嗓门儿大，性子急，是那种一言不合就可以冲上前去和人家撕架的类型。就是这样的我偏偏会遇到一个灰姑娘。

其实刚开始的时候，我是很讨厌灰姑娘的，他的性格和我相反，脾气和我相反，说话的声音也比我小，我们两个完全就是相反的嘛！所以刚开始我一直叫灰姑娘娘炮，他却从来不会生气。有时候他也会和我闹不愉快，但是最终道歉的那个人，总会是他。

不管怎么说，女汉子还是有一颗易感动的心。渐渐地，他的笑容、温柔、包容会让我对刚开始欺负他的行为感到愧疚。然后为了弥补愧疚，我就接受他做我的朋友吧。

3. 不一样的灰姑娘

缘分这个东西总是那么奇妙，整个初中时代，身边的同桌一换再换，灰姑娘却一直在我的前桌陪我走向中考。

童话中的灰姑娘很幸运，因为有金丝雀帮她。同样，我也很幸运，因为我的身边，一直有一个辛德瑞拉在帮我。

因为我的神经大条，所以常常会漏记作业，这个时候贴心的灰姑娘就会帮我也准备一份作业单。轮到我们组值日的时候，大家常常会忘记擦黑板，快到上课时才想起来，然后被罚打扫卫生。而灰姑娘则会在不知不觉中替我们将黑板擦干净。

记得一次作文竞赛，灰姑娘和我都参加了，虽然他理科比我好，但是作文我还是略胜一筹的。第二天看到灰姑娘的黑眼圈，我便什么都明白了。敢情这姑娘为了赶上我昨晚熬夜突击作文了。哎呀，好感动。但是大家好像看到的都是结果而无视了人们在过程中的努力，当灰姑娘获得一等奖的时候，班上有那么几个嫉妒灰姑娘美貌的男生就到处散播谣言说灰姑娘交上去的作文是我替他写的，这让我怎么忍？想都没想就上去揍了其中一个男生。

可是对方毕竟是男生，虽然打对方的时候很过瘾，但是我毕竟是女生，体重超过他们不代表体力超得过他们，于是便华丽丽地被揍了回来。

当灰姑娘看到我发紫的手腕时，似乎不用我说就明白发生了什么。那天放学躲在草丛里的我看到往常柔弱的灰姑娘一挑三的时候，突然发现这姑娘学过跆拳道啊！怎么不早说啊，我揉着受伤的手腕，内心为我发现了一个不一样的灰姑娘暗自高兴。

4. 毕业不是终点

初中三年，灰姑娘的女孩气一点儿都没变。毕业那天，他说要和我拥抱下，因为怕毕业后就再也见不到了，结果他刚抱住我，我的眼泪就不争气地流了出来。然后他也哭了，那是我第一次见到他哭，也有可能是最后一次。

没事的，不是有句话叫离别是为了下次的重逢嘛，地球是圆的，所以我们还会再次遇见的，我会一直记得在我的青春年华，遇见过一个善良的辛德瑞拉。

突然想起那次灰姑娘一挑三后，那几个男生再也没找过我的麻烦，但是班上又开始传起了"灰姑娘喜欢我"这种流言。而细心的灰姑娘发现我有意避开他后，像第一次一样，用同样的便利贴，在书的同一个位置，上面写着："别乱想，我们是最好的朋友。"

对啊，灰姑娘一直是我的好"闺密"，为什么我要因为不在乎的人的一句话而去怀疑我和灰姑娘的友情，我是不是又伤害了灰姑娘呢……

不管怎样，毕业并不是终点。我的辛德瑞拉，很遗憾没能做你的白马王子，但是谢谢你让我收获了一个温柔的"闺密"。

我们也曾是少女

养 分

1

我生活的南方小城，一场秋雨也带不走夏季千篇一律的喧闹。空气还是燥热，知了还是聒噪，街道还是要洒水。在时隔一年多后的今天，我还是收到那个熟悉头像发来的好友申请。我不知道他有何居心，但想到他在网上各种和女生视频暧昧不清还发展到见面逛街吃饭看电影一条龙直下的恶心场面，我原来觉得都过去了，立马变脸过渡到"杀无赦"。

我想，这下好了，又能把时间多搁在你身上了。

2

就在我乘上离开家的汽车来学校报到的当晚，大家都在为脏乱不堪的新宿舍而忙活。洗完澡后，我抱着枕头爬上了邓子的床，装可怜地说，我可以跟你睡么？

不知道是出于友善还是她真的喜欢两个人睡，她居然眨着眼睛爽快地答应了我。

第二天早上起床时她还邀请我一起去校门外那间瘦肉粉店吃了一大

碗加番茄酱的粉汤。在吃的间隙，她瑟瑟地说，你睡姿也太狂野了吧。

我不是故意的，睡姿确实有点儿难看。我一边吃一边说。

好啦，我不怪你。就是觉得你好奇怪，为什么要跟我睡。

其实我不习惯一个人睡，我很喜欢抱人睡觉，你看你这么瘦，抱着很舒服。

不是肉感才舒服嘛，原来你是这样的啊，怪不得你伸手伸脚过来。邓子喝完最后的汤水，舔舔嘴说。那我们一起回学校吧。

臭味相投果然是铁血感情得以维系的关键。在我拜读了一星期的从旧书摊里淘来的郭敬明全集后，我伤心了足足两个星期。上下桌变着法子来逗我开心都像做了无用功。

但邓子邀请我去辣鸡粉店吃香的喝辣的还到对面的大口狗喝茶后，我立刻忘记该怎么四十五度忧伤，开始和她踏上了一条那时还没有吃货但有饭桶一词的不归路。

3

中考不急不慢地来了。它就像潜伏在很浅的意识里的虫，不时给你一点儿痒痒感，不时骚动，人心惶惶。

我和邓子很有默契地等待对方一起上下课上厕所吃饭睡觉，尽管宿舍楼不同、中考再虚张声势也不要紧，也要像一起在教室栏杆那里吹着冷风借着微光互诉衷肠那样。

邓子那会儿特别怂，又跟风地喜欢上人见人爱的校足球队长。她拉着我去看他踢球，其实她一点儿也不喜欢甚至讨厌足球。但为了他，我也无奈地被拉着看上一场场意甲德甲英超欧冠赛。最后，我们都爱上了那个叫小贝的好好老男人。

邓子无所谓地付出着，可惜的是他不知道。

很快地过完中考，得知成绩那晚我大哭了一场。第二天便坐上客旅大巴车。在幻灭的罅隙，我抬头看了一眼天空，隔着玻璃窗的天空是不纯净的。低头看见手机里已经有很多个未接来电和未读短信。

那时候的邓子已经踏上暑期工的路途，我纯粹是为了打发那个发霉的7月借着机会散散心。在车上帮邓子查完分数后欣喜地发现，原来她也考砸了。我绝不是在嘲笑，只是为了我们又能在一起而欢欣。

在做着有邓子的绵长梦里醒来，日头已打西。收到芳芳发的微信语音，她说跟邓子被困在某工厂了，饿了两天。

我惺忪的睡眼立刻瞪得很大。那时候以为某工厂是会被洗脑的传销组织，更何况邓子一天不吃就会饿死呢。

饿死了吗？我一通电话打了过去。

没有啊，我好惨啊。

赶紧跑出来吧，撑不住就别干了。

挣不到钱就不回家！邓子斩钉截铁的话语让我一下子变得更心疼了。

哦……那你们赶紧找吃的，别饿着了啊……

好啦好啦，反正我保证回去会让你看到胖的我。

4

高中开学的前一天，邓子找到我，还送给我用她的工资买来的拉风衣服。我们不能在同一个宿舍，所幸的是能在同一个班。我们在清理完宿舍后把这个陌生的偌大的校园逛了一遍，师姐很热情地给我们做向导，告诉我们哪片海适合看日出，哪片适合看日落。过后两人在读书亭石板凳上聊近况聊男生，路过跑道时轻轻地把它压在脚下，不停地大喊：我要上大学。

即使是在文理科分班后我们都选文但还是无缘在一起的高一下学期，我们都过得非常快乐，在校道上不顾形象地嬉戏打骂你追我赶。

虽然表白被拒，但她学着陈医生的腔调说：人总要勇敢生存。

在一个夏夜里，我拿着五羊菠萝味雪糕开心地窥探他的秘密。很不幸地被我发现蛛丝马迹，顿时心塞。我不断地讨好他叫他原谅我，虽然我也不知道为什么我会不对。

但在他无情的沉默后，我渐渐弃械投降。《东京食尸鬼》里说：我总是不断地失去失去，却连抢回来的勇气都没有。那时候我就是这样的吧。

没事的没事的，你应该更努力变得更优秀，让这种人渣后悔。她的声音轻轻地绽放在黑夜里，像春日里从海面吹来的微带腥味的海风。我看不清她的脸，但她的手一直紧握着我的手，告诉我，她还在。

我没有流眼泪，心里还是很难过。但那时候我真的很想，就这么躺在草坪上看星空，沉醉在至少还有她的慰藉的岁月里。

那时候我们十六岁，少女心开始长出毛茸茸的情愫。

但我们还是会相信，美好事物即将发生。就像一起看过的《幽灵公主》里说的，不管你曾经被伤害得有多深，总会有一个人的出现，让你原谅之前生活对你所有的刁难。

5

为了参加文学社，拒绝书协还有很诚心诚意地来找我的军协成员。后来还是为了学习放弃掉文学社。我嘴上说不在意，心里却是有很多说不清道不明的不舍与眷恋。我遭到部长的批评却也是享受，也会有人给我肯定，在这条路越走越迷茫时。我喜欢写文章，却只限于小资爱好，从没想过要和未来画上等价符号。

但是邓子说，不要放弃掉你的兴趣。

后来我投稿、退稿，邓子都会默默地鼓励我。在那些得不到认可的日日夜夜，我的坚强是她给的。

当我给她看稿子听到她夸我进步，当我拿着过稿消息屁颠地跑去跟她击掌，当我拿着第一笔稿费请她看电影，我会觉得这一切都很值得。

最记得在放暑假时习惯过夜生活，跟朋友们在微信、QQ上讨论文字。那晚的星空很美，我打开微信却看到男闺密发了很多图给我，还有在空间截下我说邓子是我的那张图，图里是他投稿的文章，他很激动地反驳说邓子是他的。那一晚，我失眠了。脑海里不停重复他们在一起然后撇下我的画面。好吧，我承认，的确对邓子产生了依赖。我一度怀疑自己搞基，还不停地做心理测试，经过好长一段的心理斗争才确定是我想太多。邓子在初中时说过一定要在高中谈一场恋爱，但现如今她却对自己的理想坚如磐石。男闺密也早起晚睡，记得有一次三人一起吃饭时说到近况，都不停为大家鼓励打气。好吧，我觉得若是在实现梦想的基础上，再去谈论在一起的问题会比无疾而终要有意思得多。

那时我们高二。

在失去肆意插科打诨的日子后，有些习惯还是改不掉，就像是刺青一样镌刻在身体肌肤上。我们现在高三，有两年半没有在同一个班，但我还会习惯性地像逛我的班一样逛她的班，甚至跟她的同学比同班同学还熟。

在某天一起吃完饭回教室的中午，有人说我们没有缘分在同一个班。毕竟也有很多人都因为没有同班而失去陪伴的好友。

但我们不会，就像是已经熟悉自己品性爱好的孪生姐妹紧紧联系着。我们一起聊旧友，哪个很久没深聊，哪个现在过得很好；我们会在吃腻餐厅的饭菜后异口同声地说很怀念初中的饭菜跟同学滔滔不绝地说有多好吃；我们会一起走着走着背起政史地后想起教我们的初中老师……

有些东西别人不会懂，而我们还是会在情到深处时小小感怀一下岁月不饶人。

她一直在陪我慢慢长大，也陪我慢慢变老。

6

清晨时分背着笨重的书包大步流星地行走在这熟悉的校园时，教室里早已有她早起为我买好的我喜欢的鸡蛋瘦肉粥和灌汤包。

9月1号终于如期而至。一大波新生在欣喜地逛着这个我们早已熟悉的校园，看着他们一张张稚嫩又朝气蓬勃的脸，不禁悲从中来：啊，为什么我这么老了？

邓子说那你就去战斗啊，为了挽回广大高三狗的利益跟尊严战斗吧!

气旋活动带来的15号台风过后，又是一阵闷热。我拉着她跑进社团招生活动现场来装装嫩。现场热辣辣一片，DS舞团掀起一阵嘻哈风，各种大秀舞步。看着曾经的足球队长即兴地跳起曳步舞，周围的人狂欢起来。邓子也跟着欢呼雀跃，脸上全然没有以前那种要生要死的样子。

文学社的师妹有点不记得我们了，拉着我们走进大本营时看到很多文字伙伴，他们热烈地叫着我们并介绍给师弟师妹。他们热情地招呼让我恍如回到拉着邓子一路活蹦乱跳地杀进文学社的高一。

不知道这是不是就是成长，但总会经历这些时刻，如同梦魇逢魔，也像到了上下无路的地步。但幸好，这些年里，一直有她。

通常在保安拉闸关灯锁上教学楼的门之前的晚自习后，她在教室外等我收拾书本然后一起消失在微暗黄的校道，再在耀得脸色发白的灯光下继续为大学梦奋斗。

我学着网上的段子说：待你长发及腰，我当伴娘可好？

邓子笑脸相迎地说：好啊好啊。然后又严肃地说：赶紧写字复习。

手机里的女声妖冶地歌唱，秋日的风不再滚烫地撞击皮肤。她小声地背诵，还在日记本里写我们要一起珍惜这少女时光，最好能一起上大学。

我用唇语轻轻地说：一定的。

我们都曾有过一段说不上黑暗的时光，可它一直在打磨你，让你懂得友情的重要。也会有这么一个人，让你知道原来关了灯，影子就不存在了。

就像那奋不顾身的奔跑，带起的不仅仅是沙砾和尘土，还有风和花香。

好吧，那么我亲爱的邓子小姐，请你记住我们经历的时光，记住我们也曾是少女。

藏在味蕾里的深情

　　妈妈爸爸都不是擅长直接表达爱意的人，二十几年来，我们彼此之间从来没有开口说过"我爱你"或者去拥抱对方，任何的一种直接热烈表达爱的方式，不管是对于主动方或者是接受方来说，在我们这样传统的家庭里都是羞于接受的。好在还有食物。好像对于大多数的父母来说，食物是最重要的表达爱的方式。

别害怕，我在

许安然

回到家的时候觉得她变得有些不可理喻。

她总是对着自己的伴侣大吼大叫，爷爷在几年前瘫痪在床，近来的身体已经每况愈下，如今不能再自己吃饭，说话也口齿不清。平日的饭都是她在喂的。回到家那几日，几乎一日三餐都能听到她一边在给爷爷喂饭，一边对他吼着"兔子吃饭呢？吃那么慢，你剩下的饭是没人吃的还不都吃完……"我总觉得声音特别的刺耳。

她盛的饭菜并不多，我往碗里夹肉的时候她都想阻止，说你爷爷吃不了那么多。我想她一定是怕麻烦才不给他吃肉，爷爷虽然身体不好，食量却还是很好的。她不辩解，只是一直念着说够了够了不能再夹那么多肉了。

对她越来越看不惯，也越来越没有耐心。她总是洗不干净饭碗，每次吃饭我拿出那些洗过的碗筷时总能看见里面残留的油渍或者饭粒，只能再重新清洗一遍。

她自尊心极强，做错了不容许任何人指责一句。她煮的米饭总是像浓稠的稀饭，家里没人爱吃，让她少放一点儿水她总说"我放得很少了，我觉得挺合适的"。后来看我跟弟弟很少吃饭，她才开始把饭煮得硬一点儿。

农忙的时候她会帮忙炒菜做饭，等爸回去的时候就能开饭。我刚回家那天刚好是她煮的，真的一点儿都不好吃，咸得很。后来她不再下厨了，因为我们都不让她动，无关孝顺，只是觉得还是自己煮的好吃。

他们母子俩的关系很不好，我爸性子急，说话又直白，看不下去的总会提出来。而她性格也倔强，自尊心强。两个人在家矛盾总是不断。

以前我还会帮着指责爸爸不体谅她，让他对奶奶好点。不知道什么时候开始，看着他们之间的矛盾我变得缄口不言，偶尔会觉得是她在无理取闹。就像我出去玩那天她开口问我去哪儿。我轻声回答要去朋友家，只是她没听到。便开始生气地说："你们一个个的都当我不存在，问什么都不回答我。"我朝着她吼："我说我去朋友家，是你自己没听到的！"

我转身离开，跟身边的弟弟说我觉得奶奶越来越不可理喻了。

他说："姐，你们总觉得奶奶哪哪都做得不好，可是你们都没发现她已经快八十岁了。早已眼花、耳聋。我们平常交流的声音如果不是在耳根前说，她根本听不清楚。你们以为奶奶是故意做不好事，可是她白内障已经越来越严重是真的看不太清楚眼前的东西，她洗碗的时候都一个个洗好后摆在眼前看过的。你以为她对爷爷不好，其实对爷爷最好的也只有她，不让爷爷多吃肉不是真的怕麻烦，是爷爷的胆固醇太高消化也不好只能少食多餐多吃青菜，该怎么伺候她早已熟记在心。有时候或许脾气并没有那么好，可是她对每个人的爱从没减少过。"

脑海里不断地出现她还没那么苍老时候的模样。记忆追溯到我小时候能想起的也就是午睡醒来谁也不找，只要奶奶。晚上也都一定要跟她睡，就算睡着了妈妈把我抱回房间，半夜醒来我还是要吵着回奶奶房里睡。那一段对她依赖最深的时光一直在心底的最深处，在那无知的年纪里我就告诉自己长大一定要对奶奶好。

那时候的她还能上山砍柴火，会背着我走在田野里种菜，会牵着我的小手跟着她在街坊邻居家串门。她还能烧得一手好菜，让大家直夸好吃。

我以为她一直会这样聪明能干下去。

只是忘了当年的那个小女孩儿都已经长大成人，对她不再依赖了，她又怎么还会一直是当年的那个模样。

晚饭的时候看她只吃一点点就噎住了，在门口一直咳嗽，弟弟跑出去给她送开水。鼻子发酸，我都没发现现在的她已经苍老成这样。在她碗里盛上热汤，叮嘱她吃慢点儿。她的饭量比爷爷的还要小，他们都说其实奶奶的身体底子还没爷爷的好，现在不过都是她在死死地扛着。

我不敢听这些，我怕她哪天真的倒下。她是我很重要的一部分，我会自责自己外出求学的这些年回家的次数那么少，都没好好地回家陪她说说话。她总是操心着我们这些孙子孙女，堂姐出嫁那天我看着她躲在房间抹眼泪。我想她一定是既高兴姐姐成家了，又难受她嫁人离开她了。之后我告诉她姐姐现在很好，她婆婆家人对她好，对我们也热情，总叫我们过去吃饭。她听后直说这样就好，这样就好。

我的童年里很长很长的一段时间都是她陪我成长的，每一次上学她都会叮嘱我在学校要老实，不能学坏，好好上课，要听老师话。每一次我都点头说好。

她会给我讲很多以前的故事，说完后总会告诉我一定要学会珍惜，以前的苦不能忘，一定要好好读书出人头地。

如今每次离家她都会送我到门口，直到看不见我才会回去。她对我的疼爱丝毫没有减少，反而是我忽略了对她的关爱。

我最敬重的奶奶，原谅我对你的不理解和疏忽。感谢你陪伴我长大，剩下的路程让我陪伴着你，别害怕，我会像当初你陪伴我一样陪着你，我不愿意缺席你的衰老。

短暂的一辈子

养 分

住在我隔壁的是你——一个音乐生，你下课回来喜欢用你的小低音炮放一小会儿英文歌，你似乎对Adele的烟熏嗓情有独钟。我每次听到她的歌，总是会不由自主地想起你。

好久没有接到你的电话，收到一条你想亲口说却选择用文字方式表达的信息——"好久没有见过你，没有和你一起煮一顿饭，再看着你把我吃过的食物消灭掉。你不在我身边，可是我依然过得很好。"

上一次见你还是在春节，不知道是不是因为药物的副作用，原本苗条的你臃肿了不少，脸也变胖了。你曾经说要增肥二十斤的目标实现了，可是我在你脸上没有看到因此而喜悦的表情。大概是太累的原因，你不喜欢笑，也对一些事情失去了兴趣，甚至会动不动向爸妈发脾气。而我有点手足无措，想起你从前爱笑的眼睛，迷人的酒窝，我就觉得眼前眼神空洞的你像换了个人似的。

饭桌上，我主动给你夹菜："姐，尝尝这个，可好吃了。"

你不回答，反而用筷子阻止我的动作。那一刻，我有点儿尴尬。

我开始明白无言的饭局是怎么一回事，你却若无其事，匆匆吃了几口饭就打算回房间了，关门的动作一气呵成。

爸爸说："要多体谅你姐。"

妈妈说："她也不容易。

我连忙附和，是是是。

要是在从前，我肯定跟你翻脸了。我有点心疼你，尤其是看着早已原谅你的爸妈为你打热水递给你一大把药，你再一个动作把它们都送到口里去时的无奈，我会心生一种可怜又心疼的感觉，毕竟你不是别人，你是我亲姐。

那时你刚大学毕业吧，每天奔波在人才市场，投简历，面试，我每天忙着跟同学炫耀我姐姐已经大学毕业了，却不知道你连工作都没着落。你很少会打电话回家，家人也心照不宣地不打给你，怕你劳累，也知道你无暇顾及太多。

突然有一天，你发信息给我，不再是鼓励的话语，而是问我借钱。我有点惊讶，向来是你问我够不够钱花，不够管你要，你有时也会给我快递回几件你逛街时买给我的衣服。我问你怎么回事，你只是简单回复两个字：有用。

我想，既然要钱，肯定是遇到什么困难了吧？我没有再打电话去询问，而是把一直攒着的零花钱都打给了你。

但是过了几天，爸妈就问我知不知道你怎么回事，打了十万块钱给你两三天了，你连一点儿回应也没有。

我的心里莫名地慌了起来，再打电话给你时你的手机已经关机。爸妈担心你出了什么事情，连夜搭乘飞机赶往你的城市，费了好大劲儿才找到你的住处。你还记得他们一夜没合眼看见你时又疲惫又心痛的样子吧？

穿着睡衣的你打开门以为是你的朋友回来了，但是没想到是爸妈。你甚至想关门，随着关门的动作，骨瘦如柴的你穿着的睡衣更显空荡荡的。

爸爸制止了你，你的男朋友在里面呼唤，怎么回事？

还是没有瞒过他们，你的情绪显然有点儿失控。虽然你没有吸毒，但却帮着他骗家里的钱以图他一时之快。你说你出于爱他，他也很爱你，但你却未曾想过，你伤害了至亲的人。

自此以后，你跟着父母回家乡。我恨你，觉得你比我更不懂事。你终于选择到叔叔工作的地方附近住下。

到我上高三住校，你才搬回家来。我周末很少回家，但在某一天晚上坐上爸爸的车，看着车后视镜里的他眼里满是血丝，我几乎用逼问的方式才在他口中得知你得了病。起初你以为是咳嗽不在意，后来越来越严重到医院检查时，你一个人拿着确诊单在医院走廊里独自擦泪。你很坚强，或者说是死倔，你不肯告诉爸妈。直到发病时，一个人握着手机，费了好大劲儿才叫回在外面工作的妈妈。

医生说你得了一种罕见的遗传病，你的器官会相互打架，所以你要吃很多药。这种病相伴终生，还会遗传，所以你以后不能结婚生子了，甚至不知道你什么时候就会突然死掉。

我记得，小时候你问我的梦想是什么，我答不出来，但是你却抱起我来，说你的梦想是当一个很酷很酷的妈妈，上得了厅堂下得了厨房。

我好难过，又无能为力。

你的男朋友对你始乱终弃，你的朋友对你不闻不问。那时的你几乎每天以泪洗面。但我去看你时，你忽然对我笑了，你鼓励我好好读书，勇敢去逐梦，这样人生才不会留下太多遗憾。

我说好，然后像小时候得到你的一颗糖那样，冲你满足地笑。

其实我的心真的好痛。

人的一生都是在回忆的吧，只是难过的时候，回忆更多。想起不恨你时，你也很可爱。

忘了是什么时候的暑假，你载着我从家里带一起煮的便当给开店的爸妈，他们忙起来会连饭都忘记吃。

刚开始时还是晴空一片，突然就起风了，风很大，你开着小电驴开始有点不稳了。不一会儿就下起了大雨，空气对流运动还真是强烈。当我们打算停在路边拿出雨衣时，一辆车应该是看不清就冲了上来。

你喊了我一声，叫我当心。我却来不及躲避，车子被撞散架了，你轻微擦伤，可是我却没事。你救了我，在滂沱的大雨里。

被大雨淋湿的你爬起来还问我有没有事，你的膝盖擦破了。那个男生摔在了地上，一直念叨有没有搞错。我俩相视而笑。

幸运的是，三人并无大碍，而且大雨很快就停了。可怜的是，我们要推着车，全身湿透地走在公路上，忍受着别人异样的眼光。

你假装很不屑地说，没见过靓女推车吗？

我笑得更加夸张了。

那是我们的时代，没有隔阂也没有不安，只有温情只有善意。

我拿着第一笔工资到了音像店，给你买了一张Adele的专辑，我记得你以前带我来这里时总爱在这里流连忘返又舍不得买，却给我买了很多名著和杂志。

我走出音像店，阳光有点绚烂，想到你不能再晒太阳我会有点难过。但我带着唱片，步伐坚定地一路小跑，水果摊大爷吆喝着慢点儿，但我一刻也不想再浪费，我想去见你，我想告诉你，我真的好爱你。

我抬头看着广场上的LED广告在闪烁着"别爱得太晚"几个字，我在心里对自己说，一定要对你好点再好一点儿。

来到你的病房，你在看着不知名的书，安安静静地。我轻轻地挪动步伐，怕打扰你。但是你一抬头看见我，就冲我笑了笑。

我有多欣慰，你可能不知道。我递给你专辑，那一刻你有点儿欣喜若狂，摸了好久，抬头向我微笑。我的心都要融化了。

我最亲爱的姐姐，因为不知道你什么时候会离开我，所以我只能陪你短暂的一辈子。我当然也想陪你到很遥远很遥远的未来，陪你看海阔天空，也想陪你看长河落日。如若看不到，那么请你下辈子，再当我的姐姐。

你会答应的，对吧？

藏在味蕾里的深情

依然那么瘦

我出生在鲁东南，距离省会济南三百公里不到。

元旦放假回家，我妈炒着我最爱吃的毛栗子，感慨道："你要是在县城上班就好了，休息的时候就可以回来拿点儿吃的了。"

炒熟的栗子炸开壳嘣出"啪"的声音，清脆有力道，妈妈将炸开的栗子拣出来，弯腰继续翻炒剩下的。灶膛内的柴火烧得旺盛，借着火光能够依稀看到妈妈头发里冒出来的白头发，大概是被柴火给呛到了，我的眼泪一下子就忍不住流出来。

妈妈爸爸都不是擅长直接表达爱意的人，二十几年来，我们彼此之间从来没有开口说过"我爱你"或者去拥抱对方，任何的一种直接热烈表达爱的方式，不管是对于主动方或者是接受方来说，在我们这样传统的家庭里都是羞于接受的。好在还有食物。好像对于大多数的父母来说，食物是最重要的表达爱的方式。

中学是寄宿学校，一周回家一次，周五的中午就能接到妈妈的电话，询问回家想吃什么。后来工作，跑到更远的城市，回家的频率也越来越少，于是，我回家便成为妈妈的头等大事。朋友家里送来的小河虾，春天在爷爷院子里的香椿树上采摘的嫩芽，爸爸挂在楼顶晒的风干鸡，夏天晚上在树林里逮的知了以及妈妈自己调拌的杏仁……恨不得将冰箱检查三遍，生怕落下哪一样。

其实她也知道啊，这些平凡普通的东西，城市里随随便便一个餐馆就可以吃到，可是她却始终执拗地认为，这些食材，只有经过她的手才能变成最美味的食物。

我从小就挑食，不喜欢的食物一口都不吃。

刚上初中那会儿，还没有从镇上的中学转到县城去，乡镇中学食堂的饭菜单一并且总是缺油少盐，让人始终产生不了什么食欲。我只是在电话里无意抱怨了一句学校的饭难吃，于是第二天，妈妈骑着自行车走了二十多里地用包袱包裹着保温桶给我送来了热乎乎的排骨。年少的时候，总是把这种付出当成一件理所当然的事情，直到现在想起来，泪水盈润眼眶。随着年龄的增长，口味也在发生改变。就像是我现在已经不那么爱吃糖炒栗子了，可是每次回家她都给我炒上一锅，临行的时候，再炒上一锅让我带走。

舅舅有一大片的栗子树，每年秋天都会送来一些栗子，小时候还没有冰箱，妈妈就把栗子放到阴凉处用沙子埋上，这样可以储存很久。对于炒栗子，妈妈也自有一套她自己的方法。

将栗子清洗干净后，放到案板上用刀在栗子上切开一个豁口，这样更便于栗子炸开。然后将栗子用开水焯一下，再次清洗过后才开始放到水里煮。水开后，放冰糖进去煮二十分钟，这中间妈妈总是会守着锅，不停地搅动，等到锅里的水变得黏稠的时候才开始盛出来，加入花生油开始翻炒。小时候最喜欢这样的时刻，起香了的栗子飘在整条胡同里，立刻把我从巷子口召唤回家，玩儿得满手都是泥，等不及洗手，剥开一个栗子就放进嘴里，烫得不停哈气，妈妈则佯装生气地说："慢点儿吃，又没人跟你抢。"

从小就猴急，这是外公对我的评价。

外公年轻的时候在林场上班，没法经常回家，一帮同事在山里逮鸡捉兔子自娱自乐，有了收获就拿给外公烹饪。外公一生见多识广，七十岁还带着一帮退休老同事坐火车去省里，自然就积累了颇多的人生经验。小时候，我们隔三差五就在姥姥家聚餐，吃完饭外公就把我们一群小孩儿叫到跟前"上政治课"，乡下星空格外明亮，月亮如同一束光打在院子里，那时候我还小，听不懂外公讲的那些道理，只是觉得表哥们和外公争辩的样子特别有趣。小时候总觉得外公无所不能，不仅给我好多的零花钱，还会做木工，会编儿歌，会讲各种各样有趣的故事，最重要的是，外公会做独一无二的三鲜汤。

小时候每次去外公家，第一件事情就是要他给我做一碗三鲜汤。

即使再忙，外公也会停下手里的事情。找一个碗，碗里磕上一个鸡蛋，用筷子把鸡蛋打碎，把滚烫的热开水倒进碗里将鸡蛋冲开，放下虾米……很抱歉，我已经很久没有喝过外公的三鲜汤了，所以剩下的步骤我都不记得了，又或者是那时候小，只是急于早点儿喝上，而根本没有留意外公去做的这个过程。

只记得，外公做好端到桌子上，我拿一块煎饼泡进汤里，瞬间就觉得整个世界都迷幻了。外公总是卷一袋旱烟，笑眯眯地看着我吃，自己却不肯吃一口。因为他觉得这是特别给我做的，他会看着我慢慢吃完，然后什么都不说。舅舅们总是开玩笑说，我们家里只有我能享受这个待遇。每当想起外公的三鲜汤时，总是会想起外公看自己的眼神，那种全心全意的喜欢，或者就像老话说的，放到眼睛里面也不会觉得疼。这种厚重无条件的爱，是我长大后才慢慢体会到的。就像是每次怀念外公的三鲜汤时，总是想起那些坐在星空下的夜晚他讲给我们的那些人生道理，那些小时候听起来晦涩难懂的道理在我们后来各自的人生中，如同当时皎洁的月光洒在我们回家的泥泞小路上一样，明亮悠长。

外公把他一生的哲学都磨碎了洒进了这汤里，躲在了味蕾里，经过岁月的发酵后形成耐人回味的芳馥。

躲藏在味蕾里的爱大概是一生都难忘的，可是又是最容易被忽略的。

前男友是一个笨拙的人，生活里从来不会制造惊喜，情人节更是不可能收到玫瑰花和巧克力这些看起来烂俗却着实能满足女生虚荣心的东西。印象里，几乎每次对话和见面都与吃有关，在一起的一年，几乎吃遍了整个城市好吃的馆子，甚至每天中午跨越半个城来给我送午饭。但当时，我并不是一个能够低下头来沉醉于一蔬一饭中的姑娘，相比能把胃填饱的西兰花，我更爱放上一夜就会枯萎的玫瑰花。

　　分手那天，他约我去吃饭，点了一桌子我爱吃的东西，但那时候我迫不及待地想要冲进五光十色的浮夸世界，放下归还给他的东西，毫无留恋地转身就离开了。

　　但那时候我不知道，这段看起来波澜不兴有些乏味的时光，是我在往后的时光中苦苦找寻，却再也寻觅不到的。每当怀念的时候，也就只能咂咂舌头，试图挤出藏在味蕾里的最后那点儿味道。

　　藏在食物里的爱啊，是最质朴，最无声，却也是最深沉的。

我爱的那个老小孩儿

亦 然

夜幕降临时，长沙的天空就像一块素净的深蓝色绸布，没有任何点缀。白天下了几场毛毛细雨，夜晚便有微风迎面扑来，带着些许凉意，让人十分惬意。

看着没有星星点缀的天空，脑海里突然浮现一个人的模样：满头银丝，嘴巴干瘪。大眼睛早已失去年轻时的灵动，眼角的皱纹清晰可见。穿着洗得略微发白的带着小花的暗红色背心，右下角的口袋被她用别针封住了口。她在缓缓地向我走来，背有些驼，步子有些颤巍巍，小心翼翼地对我说："小芳啊，你这个星期回不回奶奶家了啊。"

她便是我的奶奶。

刚上小学时爸妈工作忙，没时间管我。每到周末便把我送到奶奶家，那个时候最开心的就是星期五。

从邻居家的摩托车上蹦下来，就能看到被奶奶收拾得干干净净的院子。这个时候我只要站在原地大喊几声"奶奶我回来啦"，就能看到奶奶笑眯眯地从旁边的厨房里走出来。那时觉得奶奶家就是天堂，早上睡醒可以不用叠被子，中午吃完饭也可以不用睡午觉。奶奶还会带着我坐村里的"三轮公交车"到隔壁的镇子赶集，给我买我心仪的玩具和我喜欢的零食。奶奶到地里干农活的时候，我就和堂哥堂姐去小河边钓鱼、到别人家的果园里摘果子，或者和村里的小伙伴们一起丢沙包、跳房子、跳花绳、捉迷藏……每每到了饭点，村里都会回荡着大人们喊小孩儿回家的声音。有时候我会躲起来，但奶奶总是能很快找到我，然后牵着我回家。

在寒风凛冽的冬天，奶奶会在煮饭的时候往灶膛里丢几个番薯，番薯遇热会发出小小的噼里啪啦的声响。估算着压着火的那一面差不多熟了，奶奶就会用火钳夹着给它翻个身，几分钟后一个香气袅袅的番薯便出炉了。对于我来说，吃烤番薯是一件很幸福的事情。奶奶会先把粘在番薯上的炭火灰吹掉，然后把烤得焦糊的皮一块一块地剥下来。我觉得皮的里层似焦未焦，味道最好，细啃过后才肯丢掉，嘴唇周围弄得黑乎乎的。奶奶总是一边笑我像只小花猫一边去拿毛巾给我擦嘴。

那天早上吃了两个烤番薯的我还不满足，奶奶便让我自己到隔壁的小仓库去再拿两个，贪心的我选了两个最大的。好不容易熬到它们烤熟，却发现两个大番薯都是坏的。当时我对着两个坏番薯哭了好一会儿，还说再也不和奶奶玩儿了——每年除夕夜全家人一起吃团圆饭的时候奶奶都会提起这件事。

在我五年级时奶奶生了一场大病，动了好几次手术，身体也没有以前那么好了。她从医院回来的时候瘦得只剩下骨头了，我问她疼不疼，她摇摇头告诉我不疼了。她说她以后抱不了我也背不了我了。奶奶说这句话的时候有些沮丧，让我想起一二年级时奶奶家还没有电视，吃完晚饭的我会跑到隔壁看电视。奶奶喊我回家的时候我总是和她撒娇，让她过来背我回家。

爷爷走得早，奶奶也没有能力送她的孩子上学。她总是对我说："小芳啊，你在学校一定要好好学习，将来当一个大学生，不要和奶奶一样不识字。"

小学时得了奖状，最开心的就是奶奶。她总是在第一时间用饭粒把它们整整齐齐地贴在墙上。每当家里来了客人，奶奶总要把别人领到那儿，指着墙上的奖状，骄傲地说："看！这些都是我家小芳得到的奖状。"然后一张接一张地给别人讲。

后来老家要重建，那面墙也要拆除。奶奶想把墙上的奖状揭下来，爸爸嫌麻烦。她便在墙边站着，到了饭点也不吃饭，直到爸爸答应帮她把墙上的奖状撕下来。撕的时候奶奶一直在旁边守着，每撕下来一张她都要把它放在桌子上，小心翼翼地用手捋平，然后折起来收好。

其实那个时候我已经上了高中，奶奶的记忆力已经开始衰退，但她还记得那面墙上贴着我的奖状以及它们在墙上对应的位置。

我一直在成长，奶奶却越来越老，她的世界也越来越小。小得我很努力地想挤进去，让她不要那么孤单，却因为没时间陪她而让她越来越孤单。爸爸好几次将奶奶接到镇上和我们一起住，奶奶都是住了几天就嚷嚷着要回家，她说在镇上没有老人和她聊天，她也不想出去逛。她说老家才是她的家。有时候想起奶奶坐在床边发呆的样子，坐在沙发上看电视却歪着头睡着的样子，吃饭时饭粒粘在嘴角的样子，扶着墙走路去上厕所的样子，我心里都是满满的酸。

我能做的就是放长假回家陪着她坐在沙发上看琼瑶剧。电视的音量调得很大，因为奶奶的听力不好。

"奶奶，这个穿得很漂亮的老爷是坏人吗？""坏，怎么不坏！他和陈世美一样坏！"

"奶奶你看那个穿紫色衣服的姑娘，她好可怜哦。""唉，那个孩子命苦啊。小时候为了弟弟受了那么多苦，弟弟长大了还不认她这个姐姐。"

"奶奶我出去给你买吃的吧。""奶奶不想吃，你留着钱去学校买好吃的。你的钱够不够花？奶奶还偷偷存了点儿钱，你爸爸都不知道，嘿嘿。"

"奶奶，你要多出去走一走，晒晒太阳，别老坐着看电视啦。""啊？踢足球？不行啦，这么老了，还踢足球吗？人家会笑话咱们的。"

……

我们的对话都是围绕着这几个话题，千古不变。

奶奶的听力越来越差，我和她说话都要提高好多个分贝。奶奶经常把我说的话听错。叫她多穿衣服她回答"我刚刚吃过饭了"，跟她说我去学校了她回答"你这个周末要回奶奶家啊"。她没听清我在说什么的时候就会"啊？"一声，这个时候我就会提高音量再重复一遍。有时候一句话我和她重复了好几遍她都没听清，她就会假装懂了点点头，告诉我她知道了。我知道她是不好意思再"啊？"下去了。

其实我很想告诉她，无论她"啊"了多少遍我都不会烦，我会重复到她听清楚为止。

高一的时候对门的那个姐姐参加了高考，她去大学报到时她奶奶把她送到了机场。奶奶知道后问我为什么没有考大学，她说她也想去机场。我告诉她我还有两年才能参加高考，到时候她就可以和我一起去机场了。

奶奶听了后很开心，拉着我的手说："到时候我跟你爸爸坐车去机场，送你去坐飞机好不好。我没有去过机场，嘿嘿……"

后来，我信守承诺考上了大学，奶奶却没有信守承诺送我去机场。

在我高三的第二个学期，奶奶旧病复发，手术后在家待了一个多月就走了。家里人谁都没告诉我。直到高考完我想去奶奶家找奶奶时爸爸才告诉我这个噩耗。

我是个不孝的孙女，我没能见到奶奶最后一面。

如今奶奶离世将近两年，我很想她。

看着没有星星点缀的天空，我仿佛看到一个身影，穿着洗得略微发白的暗红色背心，步履蹒跚地向我走来，小心翼翼地和我说："小芳啊，你这个星期回不回奶奶家了啊。"

想要大声告诉全世界，你是我的爸爸

呦呦鹿鸣

我最害怕的是，我还没长大，你却已经变老。我期望有一天，也能搀扶着你平稳地走路，能给你讲许多新奇有趣的故事，能大声告诉你：没事，女儿在呢！

一头小白眼狼

119

从小到大，对于父亲的感情，我很少表达。因为我自己也分不清楚对他到底是喜欢、敬畏、害怕或是讨厌。若是非得找出两个字概括，我想那便是血缘。

我很小的时候，爸爸在离家不远的地方工作，但回家的次数却少之又少。我刚学会说话时，便整日咿咿呀呀地喊着"爸、爸"。一次爸爸休假回来，在外婆手里的我一见他就哭着往他怀里扑。可是爸爸的反应却出人意料，他象征性地给了我一巴掌："怎么这么黏人，不抱！"

这件事我当然一点儿印象都没有。但是在我的成长的过程中，外婆和妈妈每隔一段时间就生动形象地把当时的情形演绎一遍。仿佛是要刻意提醒我，生怕我忘记了这一段"仇恨"。我对爸爸没来由的亲近让她们很不理解，总是开玩笑地说："养了头白眼狼喽，抱着哄着还抵不过人家一巴掌！"

后来我装做生气的样子问起这件事，爸爸却说："我今天抱了你，明天又不在家了。你黏着我做什么，当然得把你打怕喽！"

到了学着自己吃饭的年纪，外婆和妈妈累坏了也没能教会我如何拿筷子。每次刚上桌，外婆就盯紧了我。第一块肉还没夹回碗里，外婆就反着筷子往我手背一敲："哎呦呦，还是学不会哟。"说着又对着我狂比划着正确手势。

我学用筷子的那段时间里，爸爸几乎没回过家。外婆和妈妈信心十足地认为爸爸家族所特有的毛病能在我身上得以终止。可她们没想到的是，牙还没长齐、头发都还没变黑的我，一拿到筷子，爸爸的模样就立刻在我身上显现出来了。握着两根筷子跟握笔似的，怎么也纠正不过来。直到现在，我也依旧夹不起粉条儿。爸爸倒是十分欢喜这个结果，仿佛不会用筷子的我成了他一个人的女儿，总特有气势地袒护我："能吃饭就行了嘛！我女儿夹不起的菜，我给她端起盘子来倒！"

记忆里的星期五

我念小学后，爸爸每隔一个星期回来一次。每个星期五的下午是固定的大扫除时间，学生们都从自家带着小水桶或是拎着小扫把。谁先打扫完自己分到的地儿，谁就能先回家。所以我干活总是比别人快好几倍，也格外的仔细。因为若是老师检查到不干净的地方又会给你多分配任务。打扫完我就拎着小水桶往家跑，爸爸每次都站在大门口迎着我，把我抱起来掂两下念叨着长胖喽、长高喽。新长的胡须直往我脸上蹭，非得磨着我响亮地喊几声爸爸，才肯从怀里掏出礼物来。大多时候是一支自动铅笔，偶尔附带一盒巧克力。那时候自动笔对于一年级的我来说还是个稀罕物，一般得读到二年级才用得上。班里大多数同学都保持着幼儿园的习惯用普通铅笔。所以我那满满一盒的自动笔是班里最洋气的东西。

零花钱是我上四年级后才有的，那天爸爸神神秘秘地把我拉到屋外，往我手里塞了一张五元的纸币，小声地说："以后每个星期给你五元钱，在学校饿了买点儿饼干吃、渴了买水喝。同学给你糖吃，你也买点儿小零食分给人家。多余的就存起来，回头爸爸给你买个存钱罐。你要是存得多，爸爸有奖励哩。"末了，又嘱咐我，"别跟你妈说这事。学校要交钱，要买本子买书，你另外问她要，可别傻乎乎地说自己有钱。"那五块钱在我手心发着烫，热得我直冒汗，我郑重地点了点头。

没能说出口的话

爸爸下岗是在我念初中的时候。他终于结束了一星期才回家一次的定律，可是在家的时间却仍旧很少。无论半夜还是清晨，每当电话铃声响起，他便背上一个工具包出门。有时候是去装灯、接线什么的，也会装水管子。没活儿的时候，搬运工的事儿也干。每天回来都是一身灰土。

有一天吃饭时，他兴奋地说："今天到一所高中，给每个教室装播音器。说不定下次去你学校，到你教室咧。"

我没有答话，使劲盯着自己碗里的白饭。气氛尴尬了许久，仍是爸爸自嘲地说："怕是我女儿不会认哩，要给她丢脸喽！"

那段日子，我总在教室里坐立不安。担心时刻会有个灰头土脸的人来教室里装播音器。同学们会像看猩猩一样围着他，同学们会发现这正是我的爸爸。我矛盾极了，一面担心着这样的事情发生，一面又为自己的想法感到羞愧，我心虚地不敢去看爸爸的眼睛。从那一年开始，妈妈代替爸爸出现在每年的家长会。这句看似玩笑的话，爸爸再也没有提起，我再也没有机会给他一个解释。那个低头不语的我，已经给予了最坏的答案，变成了他心头的一道疤。

他已经老了，我却还没长大

念了高中后，我寄宿在校，每星期五晚回家。妈妈在厨房张罗几个好菜给我补补，我常站在一旁跟她说说学校的趣事，天南地北有聊不完的话。往往得等到天黑透了，才响起敲门声。有一天，我打开门，爸爸站在外头，满身的石灰，雨淋湿了一身。我赶忙拿来毛巾给他擦，他一把推开我："我身上脏！"我又拿来干净的衣服跑来，手足无措地站在他身边。等他接过衣服，我再去倒了杯热茶。他把自己整理干净后，坐在沙发上。手紧紧地贴着杯身，贪婪地吸取里头的热气，一副冻坏了的模样。

我隔着一个茶几，蹲在地上，像个陌生人一样看着他。他头发长了，乱糟糟的一窝，藏在里头的白发此刻冒出了头。背佝偻着，手背上一道道新生的或已结痂的伤痕。我再去瞧他的脸，那双布满血丝凹陷的眼睛让我更加陌生。

我想起书桌上那个放了许久的相框，里头是年轻时候的爸爸：一身笔挺的军装，站在山坡上。我想起曾经许多个星期五，那个张开双臂把我抱在怀里的爸爸。小小的我站在他的身边，拽着他的衣角，抬头望去，他那么高大。

可是恍然间，他已经长出白发。爸爸老了，我却还没长大。

我拿了些饼干，放在他面前，哼哼唧唧地示意他吃些。我所有的眼泪被禁锢在眼眶里流不下来，我所有的话也哽咽在喉咙里说不出来。

比起"甜言蜜语"，我更爱你含着泪的真心话。

临近高考的时候，深孚众望的我生了场大病。转到普通病房没几天，爸爸就走了。妈妈气得直跺脚，骂他没良心。出院后，我终日呆在家里，坐在沙发上发着呆。不能去上学，也不能看书。这么静静地坐着，把所有的希望都坐没了。我的情绪很不稳定，总会莫名其妙地流出泪来。妈妈总是在一旁问我怎么了，我一点儿反应也没有，她便跟着我一起哭。我自己也不明白这眼泪的源头，都分不清是为了哪一件伤心事在哭。爸爸什么也不问，只是蹲下来抓着我的手说："女儿别怕，爸爸挣钱，咱们医！"

大病没有夺走我的生命，却夺走了我的梦想，磨灭了我的意志。那几年里，我听多了妈妈"甜言蜜语"的宽慰："你放心，以后的事，妈妈给你安排好。别担心医药费，也不用想着读书赚钱，你只管好好吃饭睡觉。"

我按照妈妈给出的轨迹轻松地向前走着，什么费力的事也不干，全心全意地去做一个病恹恹的人。可是我感觉我正往"大雾"里走，越走越远，渐渐地看不见路，也看不见自己。我活得难受极了！

爸爸在一次喝醉酒后语重心长地对我说："女儿啊！总有一天，父母会放弃你。即使我们不放弃，也总有一天要离开你。我们不会一直在你身边，你要靠自己去努力生活啊！"他的手在我肩膀上沉重地拍了拍就被妈妈叫骂着拉走了。我坐在那儿泪如雨下，并不是因为放弃两个字刺痛了我。我何尝不明白这个道理，可我习惯了懒散逃避。此时爸爸的警告比妈妈的宽慰更让我感动。

爸爸等着吧，女儿在长大。

现在的我躲过那场病痛，恢复的不仅是身体，还有活下去的希望与斗志！

不久前，我在超市找到一份兼职。这是我人生中第一份工作。下班后，我拖着疲惫的身体走在回学校的小路上。听着妈妈在电话里絮絮叨叨："累不累啊？路上有人吗？你一个女孩子多危险啊！明天不要去了，妈妈不要你挣那几个钱。"我连声应着，一遍又一遍地宽慰她："没事的，不累！路灯亮着呢，人也挺多的，放心吧！"

末了，我又给在外地务工的爸爸打电话。听见那声"女儿哎！"却鼻头一酸，撒起娇来："爸爸，我找了份兼职。刚刚才下班，好累啊！"

与妈妈不同，爸爸却在电话里头教导起我："什么工作不累啊！你要慢慢习惯适应啊。我的女儿看来长大了，也学着干活了！"能听出他欣慰的语气。

"是啊！"我抬头看着漆黑的，没有一颗星星的夜空。感觉着阵阵凉风袭来，心里没来由的舒畅！

爸爸等着吧，女儿在长大！

123

藏在味蕾里的深情

You are the Apple of My Eye

执 念

1

当老王还被叫做小王的时候，当小王还没追到小黄的时候。

为什么我会觉得这句话如此悲伤？

2

"当年追我的人可多啦。各种各样，高的矮的胖的瘦的。那时候没有什么浪漫主义罗曼蒂克，统统没有。年轻人家里穷，喜欢上了，那就追呗。偷偷写封情书，塞在女同学的抽屉里。成功了，也只敢牵个小手什么的，生怕被老师发现。有的倒霉的，街坊邻居都会知道，丢脸死了。

"你问我为什么会选择老王，这个，说来话长。唉，还真有些年头了。那时候，他还是小王，瘦得跟猴样。我家里人开始不大喜欢他，那怎么办？送礼呗！鸡鸭鱼肉，挨个送个遍。一来二去，家里头就会觉得这小伙子实诚、大方、可靠。那时候鸡鸭鱼肉挺金贵的，只会在逢年过节的时候吃。再加上小王到我家要跋山涉水的，特别到冬天，风直刮，雪下得也紧。小王来了，都成雪人了。

"后来，家里人同意了。我同他恋爱。哦，那时候我都在厂里上班了。小王也在厂里，合着好几个同学。我干的是装电子的活，伤眼睛得很。你看，我现在都近视了，度数还挺高。奇怪的是小王眼睛一直不错。干了几年以后，我同他领证结婚。说实话，我觉得自己进狼窝了，就这么把自己给卖了。

"我结婚那天，本来是阴天的，只是走到一半，就开始下雨，还挺冷。哦，好像是冬天，是冬天。我当时穿的婚纱，有点儿薄。又因为下雨，路变得很泥泞，还有些水坑，车没法过。我没办法，只好下车，托人去买了一套方便一点儿的衣服，就在车里换了。然后走到老王家去。晚上的时候，我去找那件婚纱时，才知道那是租的。我要死要活都没留下来。

"说真的，老王一生不欠我什么，就欠我件婚纱。"

3

晚上气喘吁吁地爬上楼，打开门时，老王和小黄都已经睡了。偶尔小黄会躲在被窝里用手机看韩剧，像我小时候偷看小人书一样。

洗澡水一般都已经备好了，手试探着，会有些烫。老王说这样洗不会感冒。我信。中午吃饭的时候有时间我们会一起吃，老王和小黄会一个劲儿地给我夹菜，说这个好吃那个好吃。其实我不止一次地嘲笑过小黄的饭菜煮得难吃，小黄没办法，最后只好弃锅。我喜欢边看电视边吃饭（这是个坏习惯），为了改掉，小黄会把我按在餐桌上。

饭菜热气腾腾，眼眶热气腾腾，心也热气腾腾。我总是觉得突兀，不习惯这场景。说实话，一起吃饭我都不敢奢求，我总是觉得要很久之后才能实现。而现在却来势汹汹，让我不知所措。心被热流包围，不适应的反抗，却被软化到无力，软绵绵地被征服。

中考之前，老王和小黄一直在上海打工。同多数人一样，为了家庭为了生活被吸附在那个城市，无力挣脱。我总是思考他们在上海的生活，毕竟，与我不同。我只是觉得我和他们是两个世界的人，联系很少。这句话我没敢对老王小黄说。

有幸还是可悲呢，中考之后，他们回来了，功成身退，辞了原本优越的工作，回乡归隐。

老王说，人老了总要回故土的，死了也要葬在故土。

我上前杵了他一个胳膊肘，白了他一眼。

"说得你好像老了一样。"

4

"结了婚以后，第二年生了你，然后我们就出去打工。当时年轻人几乎都走了，家里只留下老人和小孩儿。我和老王一步三回头，像生离死别似的离不开你。

"来到上海，繁荣得让人惊叹。我和老王在餐馆找了一份工作。那时候工资低得很，一个月才八百块。但拿到第一笔钱的时候，老王高兴得像中了五百万一样。当天晚上，他拿出一件大衣，说是送给我。当时我不知道那件大衣的价格，后来才知道，两百块。我骂老王败家，我说我这个女人都不败家，你个大老爷们儿居然败家。我都气哭了。那时候我们没钱交房租，只好住亲戚家。工资还这么低，咋能这么花。结果老王笑着摸摸头，有些不好意思，说结婚没给我买婚纱，心里愧疚，要给我买一辈子的好衣服来补。我哭得更厉害了。

"老王，老实得很，待我很好。我身子弱，在姊妹里是最小的，什么都不会，他就什么都做。有时候你奶奶说我点什么，老王都护着我。

"到上海几年后，日子慢慢变好了。整天看车水马龙，自己也想挣下座金山银山。老王说我们没变什么，可我琢磨着，到底还是变了的。"

5

最近几天期中考试，老王对我渐渐严格起来，特别中意于"你昨晚有没有写小说"这个问题。我看着他未打理的胡子拉碴的脸，忍不住笑了起来，然后抓起书包，飞快地逃出门去。

有时老王会起来很早，四五点就出门去。最近老王和小黄合计租了一个店面，开始卖东西。说是为了生计。

店面就在公交车站旁，每天我都会经过那儿，却不愿意多看老王一眼。

老王的脸一定模糊在氤氲的晨雾里。老王一定忙碌到不会注意我的经过。

昨晚老王站在楼道里，拎着桶油。夜色模糊，路灯昏黄，加上我有点近视，没认出来是他。只看见一个中年男子稍微臃肿的轮廓。我心一紧，想起最近流传的暴力事件，来不及多想，立马向楼上飞奔而去。

跑到一半，才发现后面跟着老王，气喘吁吁地，很莫名其妙却还是笑着："你跑什么呀？"

"是你啊！"我恍然大悟。

老王再次笑了笑，一脸憨厚。

最近几年，时光让他臃肿不少，啤酒肚什么的也起来了。可老王一直是个好男人，不抽烟不喝酒，视力也一直不错。我就觉得他没老，一点儿没老，也不会老，永远不会。

想到从前老王要我用一种水果形容他，我不假思索地回答："石榴！"

老王问为什么，我说："石榴啊，不好吃，而且麻烦，需要吐很多籽儿。"

老王不开心地笑了笑。

我撇了嘴，用力地拍了一下他的背，做出一个滑稽的表情："嘿！小伙子！"

6

"还记得你第一次来上海吗。那时候，2007年，到现在也有七八年了。你都这么大了。这人呐，不能想，日子就像水一样，哧溜溜就跑了。

"你总要让我说以前的事，好了吧，现在终于说完了。哎呀——身子都酸了。"

小黄支撑起身，我给她加了两个枕头靠上去。一个小时过去了，点滴也快打完了。我叫了护士来换瓶。

小黄面色红润，不像生大病的样子。记忆总是让人痴迷，对于小黄来说，或许是很好的治疗药物。啰啰嗦嗦，小黄把大半生都回忆了一遍，也还不嫌累，拉过我的手拍了又拍。我心咯噔一下，这手，其实没有我想象的那么细腻，甚至可以感觉到那细小的皱纹透过肌肤、血液，编织成心脏——我同她的血脉，至亲的血脉。而我又觉得，这只手在迅速苍老，最后萎缩在手心，消失不见。

就这么不见。我突然很想用力抓住她。

抓住她的指甲，抓住她的头发，抓住她的手臂，抓住她的脚踝，抓住她的身体，尽力地搂向我，向我靠近。亲吻她，轻轻对她说："别放开我。让我们沉下去。"

小时候，我调皮，喜欢玩水。那时候离家不远有一条河。因为是农村，洗衣服都在那儿。河里有螃蟹有鱼，我记得很清楚。水很清，石头大小不一光滑圆润。小黄牵着我的手，说要和我一起去往河的上边。我顺着她的指引跨过一块块石头。头顶是树，阳光被遮住，吸一口气，感觉肺里都是水。我的手也好像是湿漉漉的，湿漉漉的双脚走在湿漉漉的青苔上。

都是水。记忆里空虚缥缈的水汽，握紧什么都没有的水汽。

后来，我掉进了河里。没有征兆地，脚下一滑，忽然失重。挣扎，水花越来越大，呛鼻，吐水，我觉得自己像一条鱼，又像一条狗，一条掉进水里快被淹死的狗。

但我找到了那条手臂，那条半截手臂，恍惚中，迅速伸进水下那个世界的手。

我抓住了它。

我觉得小黄将我拉上来一定用了很多力气，不然病床上的她不会显得如此苍老。很细微的苍老，在一举一动之间，在她说每一句话的时候。岁月的尾巴轻轻地扫过我的脊背，却让我不寒而栗。

这人呐。她总这样说。

窗外有霾。霾字下面藏伏着一只巨大的兽，安静地沉睡着。

7

小黄病了，老王也暂时放弃了对我的辖制。晚上的时候他悉心去医院照顾小黄，而我在家肆无忌惮地将键盘敲得啪啪直响。写累了，抬头看到两张画。一张是少女时代，另一张是李敏镐。

突然想起这件事。

小黄是个韩剧迷，尤爱帅男李敏镐。曾多次拿其海报对准老王的脸进行对比，在此期间还多次发起类似"你俩是一个档次的吗"这样的语言攻击。对老王造成了无法形容的精神伤害。并且老王觉得很委屈，这年头吃醋也不能乱吃。悻悻地，当天晚上出去买了一张少女时代的海报。回来后，极招摇地贴在墙上，并向小黄炫耀道："你看我用与你相同的钱买了九个人！这么划算！哈哈，比你的还养眼，啧，九个人啊……"

这是我第一次觉得老王很聪明。真的！

刚才老王回来了，见我又在敲字，不开心，刚想开口。我立马换上严肃的表情，"啪"地合上电脑。

"小的这就去学习！"刚想撒腿就跑，却被老王抓住。

奇怪的是，老王笑眯眯的："这次写八个小节吧，祝我发财。"

我狐疑地看着他，小声地答道："好……"

他倒是觉得很不可思议："咦？这么快就答应了啊，那我来奖励一下你，给你说个故事吧！从前……"

"不要！"我落荒而逃。

8

嘘——让我们一起来听个故事。

从前，当老王还被叫做小王的时候，当小王还没追到小黄的时候……

为什么我会觉得这故事里的人如此幸福。

因为——

You are the apple of my eye.

小江湖

　　谁说青春一定要有个后来呢？它的另一个名字就叫做徒劳啊。至于丢失在过去的那些人啊，也再也找不回了。至于他们后来的境况，原谅我的脑海里只有他们青春的面容。

　　这就是我们的江湖，也是你们的江湖。

小 江 湖

蓝格子

"林浩南，你快点儿！""来了，来了！"

远处有人正急匆匆地跑过来，黑夜中的面容看得不够清晰。待到近了，才发现他手里抱着一堆孔明灯。

"这是干吗的？"

"跨年用啊！"说着话的工夫他还不忘在我头上敲上两下，正当我怒斥他准备还手时便听见了年又又的呼喊："夏西，林浩南，你们快点儿过来！"

两个名字重叠在黑暗中倒是有种莫名的温柔呢。

夜中的沙滩只能看见模糊的轮廓，月亮悠闲地挂在天上，光芒温柔地洒在每个人的脸上。旁边林浩南的脸清晰可见，眼中住着一弯月亮，目色迷离不知在遥望远方的谁。我看不清他目光的方向，突然有点伤感。

过了一会儿，林浩南凑近过来将孔明灯不由分说地塞在每个人手中，然后拿出一支笔率先写下了自己的新年愿望，完成后便大手一挥说道："好了，让我们在今夜放飞理想吧。"说罢，便迎来了盛一隽嫌弃的目光，眉毛一挑两人便跑到角落里决斗去了。

"真像个小孩子呢。"年又又拿着手中的笔一笔一划在孔明灯上写着什么。不用凑近我也可以猜到，定是关于某个少年的祝语。

"嗯。"真好。那句矫情的话怎么说来着？现世安稳，岁月静好。

远处广场上倒计时的钟已经敲响，一声一声浅浅传来，林浩南一声令下，我们纷纷将手中的孔明灯放飞出去，手忙脚乱之际还充斥着林浩南的抱怨。

"你怎么这么笨啊。""盛一隽，你好蠢。""年又又啊，你在想谁啊！"

天空瞬间被四盏灯照得通明，光芒算不上耀眼，但足以让离家的人找到方向，就像我们一样，人潮中如此普通却仍旧希望自己能在生活中开出一朵花。

林浩南拉紧我的手，又随即牵起夏西，用目光暗示盛一隽。四个人如一座堡垒般屹立在沙滩附近，时间定格在此处，世界安静得只能听见心跳声。

当然，破坏这种氛围的肯定是林浩南。他打了个哈欠摆摆手问道："你们都写了什么新年愿望啊？"我扭过头不理他，唯有盛一隽认真回答道："我希望我们四个人永远像现在这样。"语气认真得像是许下一个毕生的诺言。说完后便听见林浩南的大笑声，缓缓又飘来了一句："嗯。"那么认真，那么笃定，竟有点不像他。

"新年愿望说出来是不是就不能成真了啊？"正低头摆弄手机的年又又搭话道。

"呸呸呸，怎么可能。"

突然一阵风吹来，丝丝寒意渗入到骨子里，远方的孔明灯也被吹散，偏离了原来的方向。

这是我们四个人的小江湖。

这是我们的2014年。

"你说青春这么短暂，我要是不折腾一下多耽误它的美好啊。青春是一首诗，青春是一首歌，青春是一支舞……"

"说人话。"正准备大肆抒情的林浩南被突然回来的盛一隽打断，悻悻地低下头。过了好一会儿，见我们没有询问他的征兆，只好自己一人又打开了话题。

"我决定去表白了。"

此话一出，年又又立刻放下了手中的习题，而盛一隽则是一脸吃惊的模样等待着下文。我低下头佯装镇定继续勾勾画画，随即收起了铺满某个名字的纸页。

"昨晚我已经拜托又又姐帮我写好了情书了！"林浩南似乎很满意这样的情况，顿了顿又继续说道。而听到"又又姐"三个字的年又又明显身体一震，缓慢地从抽屉中拿出少女心十足的粉红色信封，在递给林浩南的途中还不忘瞥了我一眼。眼中的同情与愧疚让我不忍直视，只好假装忙碌随即转过头。

拿过告白信的林浩南装模作样读了一遍，言辞真切，感情生动，在检查了一遍署上名字后便急忙向门外跑去。

"他从姜染的世界里走出来了？"

两个人均一言不发，不作回答。

是的，林浩南曾有一段失败的感情经历，是网恋。对象是我们学校的某个胖女生，两人以书信相交多次碰面却从未当面对话，女生在经过一次处分后被开除随即也与他断了联系。你看，简单到足以用一句话概括的经历却让林浩南长期处于悲伤之中，尽管后来略有好转仍是一副嬉皮笑脸的模样，可在听见"姜染"二字仍会停下脚步凝住笑容。

如今他终于走出来了，我不知该喜还是该哭。

坐在座位上的我不时摆弄着笔，拆了又装。眼中的不安被盛一隽尽收眼底，他拍拍我的肩给我一个坚定的眼神。你看，这世界上的任何人都知道我喜欢你，可唯独你一人不知。

过了好一会儿也不见林浩南回来的身影，倒是有一个学妹穿着天蓝色校服手里攥着信封羞答答地站在门口，轻声询问了某个同学后便朝着我们的方向走来。定是告白失败了学妹找上门了，我想。

我正思考着用怎样的话语化解这场闹剧，哪知学妹软软地来了一句："盛一隽学长，对不起，我有喜欢的人了。"说话的时候不觉低下头，羞红了脸庞，倒是十分可爱。

盛一隽愣在原地，远处便传来了林浩南的笑声。他一路小跑过来憋住笑，拿过学妹手中的信凑在耳边小声说了句什么，下一秒便看见学妹丢下一个歉疚的眼神匆匆跑开了。

"你跟她说了什么？"

"我告诉她这样做会使学长很难堪的。"

这时，沉浸在题海中的年又又缓缓抬头，眼中的迷茫一览无余。思考了好一会儿又抢过林浩南手中的信，看到最后时也露出笑容随即传给了盛一隽。

嗯，告白人的署名是盛一隽。

盛一隽倒是不多话，眼中布满愁容，深深看了林浩南一眼，那一眼竟让我有种他随时都会消失的感觉。不知怎么，我好像听见他的叹息声了。

林浩南此刻也安静下来，将信件丢在自己的抽屉里，便转着笔继续与数学题决斗了。

"盛一隽，老班找你！"

"嗯，来了。"

盛一隽起身时背影瘦削，仿佛这个世界只剩他一个人，孤独得像是没有远方。

135

夏季是最难熬的季节，大概是充斥着离别与梦想的缘故。黑板上的倒计时涂了又擦，时间一点点缩短好像片刻也不给你流连。

盛一隽回来后便拿着一堆纸张，静默了好久才再次开口。

"我要去艺考了。"

其实我们早就知道，他向来对画画有着莫大的兴趣。而对此事反应最大的却是林浩南，想来也是可以理解的。他们从小一起长大，是形影不离的最好代表，如今一个要奔赴远方，另一个难免有些不舍，甚至于有些偏激了。

"嘭。"林浩南面前的书突然倒落一地，零零散散铺在地面上，倒有点儿像此刻的我们。

我知道，林浩南的态度依旧没有变。

记得某个清冷的夜里，他强拉我出去，表情郑重地让我误以为下一秒他就要表白，做好心理准备后哪知他缓缓吐出了盛一隽的名字，然后问了我一句："夏西，你说我是不是很自私啊？"

我从未看过这样的他，底气不足连说话都有些心虚。低着头大半个身子靠在栏杆上，双手紧握在一起。像个无家可归的小孩，让人不觉有想要拥抱的欲望。

那时我也不知该如何安慰他，那些所谓要坚持梦想的大道理也生上了一层灰拿不出手，只好紧紧握住他的手想用体温给他传递一点儿温暖。

我知道，他是需要的。

可下一秒我便郑重其事地告诉他："是，你的确很自私。你凭什么只考虑自己的感受而不顾盛一隽的梦想呢？"他抬起头看着我，眼中满是失落，一片一片像盛满了碎星。

我想，我亲爱的少年啊你必须要明白，这世间的人啊能有幸相遇已经是莫大的缘分了，你又何必强求要一路相伴走下去呢？

此刻，盛一隽也蹲下去帮忙捡书，两人不知低语了什么，我便看见接连走出去的背影。我一脸迷茫地看向年又又，而她则是一副事不关己的淡定，浅浅笑了笑，挤出来的笑容我都替她疼。

她是重情的人，我知道。

过了好一会儿才看见盛一隽回来，脸上挂着伤。进入座位后便继续在白纸上涂涂抹抹，我看得很清楚，那张纸上是林浩南的脸，那叠厚厚的纸都是他的脸。

我突然想起盛一隽的新年愿望和年又又的那句分析，你看，分崩离析总比我们想象的来得要快也更强烈。

接下来的那些日子里，太阳东升西落，倒计日也一天天在减少。身边盛一隽的位置早就空了，他去往另一个城市参加艺考。偶尔与我通信，也只是简要介绍一下自己的情况，背后的辛苦却只字未提。

而林浩南还是一副没心没肺的模样，只是经常三个人出去时会暗自伤神，叹口气转过身却还是乐呵呵地笑着。

我不知我亲爱的少年是否能真正承受离别，毕竟还有更大的变故在等待着他。

校级篮球赛向来是林浩南崭露头角显示风采的时候，而高中最后一场比赛他更是成功吸引了所有人的眼球，成为真正的焦点。

因为，他摔伤了。这句话好像也不能这样说，应该这样描述，在距考试四个月的时候篮球特长生林浩南在比赛中摔伤了自己的腿。

等我到医院看他时，他安静地躺在病床上，桌子上尽是鲜花和水果。见我走来便偏过头轻轻说了句："坐吧。"语气和缓，像是看破红尘的老人。

我端来凳子坐下，从书包里掏出一封信便开始读了起来，是盛一隽寄来的。阳光斜射入屋中，他浑身笼罩纯白光晕，眼睛宛若浅池，迷离着面庞，一言不发又紧紧盯着我。

你说相伴一生究竟是什么感觉呢？我想就像此刻这样吧。彼此间像是相熟的好友，即使无话也不觉得尴尬。我愿读一首诗给你听，而你只需要静静坐着就好。去他的梦想去他的未来去他的现实，我只需要和你在一起。

"梦想是一个剔透的东西，人们淋上发烫的热血扔向庸俗的生活，人们吞下去吐出来沾满口水，人们反复冷落反复摩挲反复碾过，袖子擦擦，照样锃亮。"盛一隽附在信件背后的是摘自野象小姐《家住南塘路》的一段话，身在远处的他并不知林浩南现在的情况，可这些话倒是应了此刻的景。

"夏西。"林浩南的声音缓缓传来。

"嗯。"

"你知道吗？盛一隽跟我说他要去学艺术的时候我有多生气，那条路有多难走有多让人看不起我是知道的啊。可他后来跟我说他也想有一个梦，像我一样。我便狠狠揍了他。"说到这句话时他还在空中挥了一下拳，孩子气的可爱，"可是现在啊，我的梦也碎了。"他的声音渐渐低下去，到最后竟有了哭腔。

"也许你们都是对的，是我不懂。谁说这世间非黑即白啊，我现在就处在灰色地带里啊。"过了好一会儿，他又继续接话道。

"嗯。你懂就好。"可是我多么希望你不懂啊，那你会永远活在自己的世界里做着小王子的梦啊。可没办法，现实太过残酷，直接刺破了梦境，一片又一片洒在地上我也无法为你拼接完整。

我想我怎么也不会忘记那个下午，我好像已和他走过了小半生。

等到林浩南拄着拐杖回到学校时年又又已经不在了，谁也不知她的去向，有人说她转学了有人说她失踪了也有人说她被高考逼疯了。各种传言蔓延，可没到一天又全部消失，毕竟面对严酷的高考没有人愿意抽出自己的时间来过多谈论别人的世界。

"夏西，你说年又又去哪了呢？"林浩南还是如往常一样，捧着薯片在每日的傍晚问我同样的问题。

我摇摇头，一如既往。

我一向认为年又又是外星穿越来的女子，她的执着与坚持不同于常人，却又单纯得可爱。那我想她现在应该是躲回了自己的巢穴了吧。

"好了，回家吧。"林浩南丢完垃圾后便吵着要回家吃饭。夕阳依偎在地平线上，我突然怀念起我们当初的岁月，捧着一碗凉面便觉得拥有了全世界。可如今的那些人儿啊，已不知在何方流浪。我偏头看着身边的少年，他一边走路一边小声背诵着什么，表情认真得让人不忍心去打扰。

我有点儿想哭了，那个应该在篮球场上驰骋的少年啊不应该是如今这副模样啊。

我和他并肩走着，走向那未来。无论前路是否坎坷，只要有你相伴便足矣。

"后来呢？"火车突然停站，路边的街灯照亮了车上人的面庞。面前的少年正听得认真见我停下来连忙问了一句。

"没有后来了。"十七八岁的少年总爱提起江湖，却不知早在杯酒间化作了生活。

见我没了想说的欲望，少年摇摇我的手一遍遍甜甜地喊着姐姐。

我做出一副大侠做派，指了指远处的天空，故作高深地说了一句："这有人的地方啊，就有江湖，只不过再也不是我的那个。"

这就是结局了吗？我想应该是吧。

盛一隽去了高等美术学院，年又又去了南方大学，林浩南依旧在大学里打球，而我时常也会和他们联系。天南地北也无法隔开我们，时常深夜交谈，也常常相约煮酒饮茶。

可这是真的结局吗？好像也不是。这不过是我臆想的场景，只为给曾经画上一个句号。

谁说青春一定要有个后来呢？它的另一个名字就叫做徒劳啊。至于丢失在过去的那些人啊，也再也找不回了。至于他们后来的境况，原谅我的脑海里只有他们青春的面容。

这就是我们的江湖，也是你们的江湖。

139

小江湖

不一样的故事

劳思琪

藏在林间的飞鸟成群升起，从羽翼下抖出哗啦啦的声响。

风将金黄的麦子忽地扬起，又落下，连绵的浪潮匍匐在大地上。

不远处的房舍融化成诗意的墨点，一条条田埂要将离人牵引回家。

是的，是的，青葵终于回到这个一切开始的地方。

长长的田埂上，六岁的青葵光着脚丫子奔跑，像只轻盈的白鸟，落进金色的麦田。已经长得很高的麦子从四面八方包围了她，挠着她裸露的手臂和脖子。青葵"咯咯"笑着，径直往麦田更深处走去。

随手拔去一些杂草，捡起地上过早掉落的麦粒，青葵一个人玩啊笑啊，午后的太阳照得人暖融融的。

玩累了，想睡了，就找个舒服的地方仰面躺下，可以看见湛蓝晴空上挂满了金黄色的麦穗。偶尔掠过的飞鸟，像是梦一般不实际。

嗅着即将成熟的麦子散发出的清香，青葵闭上眼弯着嘴角睡着了。

这一睡该有多久？太阳逐渐西移，村庄上空陆续升起一道道炊烟，青葵仍然在麦子地里做着美梦。

她知道，就么睡下去也没关系的，因为有阿丰在呢。

阿丰是青葵的哥哥，每回青葵没有回家，妈妈总是要派阿丰出来找她，也只有阿丰能够每次都找着她。

　　"青葵，青葵！"恰巧这时阿丰来了，他望着面前无垠的麦田，呼唤着不知在哪里贪玩的妹妹的名字。

　　有傍晚收工的人扛着锄头或别的农具经过，同他打招呼，阿丰，又在找青葵啊？脸上是善意的笑容。

　　估摸着又在田里睡着了吧？阿丰这么想着，拨开两边的麦子也走了进去。

　　像是有什么在引导他一般，不费多久就找到了田里酣睡的青葵，小小的白衣卧在那里，枕着自己的两只手臂，脚上还沾着新鲜的泥土。

　　阿丰轻轻把青葵背到背上，站起身来回家。

　　只走了一会儿，青葵就醒了。

　　"哥。"青葵揉着眼睛喊。

　　"该回家吃饭了。"

　　"唔。"青葵应了一声，支起身子看远处的村庄。炊烟成了云雾，暮色成了染料，交融、晕染，宁静、安详。

141

　　青葵有了精神，就忍不住说话。

　　"哥，我今天到池塘边踢了正在喝水的黄牛一脚，可它理也没理我。我还捉到一只从没见过的虫子，可惜一不留神让它给跑了……"诸如此类，从青葵嘴里像鱼吐泡泡一样冒出来。

　　她讲得起劲，阿丰仔细听着，不时调整姿势好将青葵托得高些。

　　"哥，我给你唱首歌吧。"青葵的声调高起来，"昨天上课的时候老师教我们的。"

　　"好啊。"阿丰喜欢听青葵说关于学校的事。

　　青葵搂住阿丰的脖子，唱起简单的歌谣来："风儿吹，起麦浪，金穗子，满地香，十月人们忙丰收，石磨转呀转不休……"

　　歌声轻得仿佛插上了翅膀，随风去到麦田深处，不一会儿，那金色的麦田也唱起歌来了。

上一年，青葵还没有获得上学的权利。家里经济单薄，算算，统共只有一块地、一头老黄牛、一只母鸡和一棵还不够壮实的枣树。爸妈来来回回合计，今年只能送一个孩子上学。

爸妈把阿丰和青葵都叫来，要做个决定。阿丰已经十岁了，再不上学就太迟，而青葵不过六岁，许多人家的孩子都是七八岁才去学校的，晚个一两年不碍事。爸妈是这么想的，但阿丰坚决说："让青葵去。"

爸妈看向青葵，而青葵看着哥哥，一点头："我去。"

于是第二年，青葵上学了。每天早晨，太阳还在山后打盹，青葵已经走在上学的路上了，而阿丰则准备去地里帮忙干活。

到了教室打开书本，青葵总是十二万分认真，听课时恨不得把老师说的每一个字都记下来。

她把自己和哥哥的书都读进去了。

不上学的时候，青葵往往是紧跟在阿丰身后，一有空闲，就迫不及待把学校里学到的新东西教给他，一个拼音一个拼音，一个字一个字地教。阿丰学得很快，可惜很多时候都要忙着干活，青葵只好坐在田埂上一边写作业一边等着机会。

面前的麦田青了又黄，黄了又青，麦子一茬接一茬地长，青葵的书也越读越好。

没人和她说过为什么要读书，怎么读书，但她就是比其他孩子都更热衷于学习。如果能让她比其他人多写几个字，帮人写作业也是愿意的。她舍不得随便动用自己的铅笔，但可以用别人的啊。

也曾有那些家里比较阔绰的孩子，托青葵的福交了作业，要送文具给她，她直摇头，一下子跑得远远的。

青葵那么勤奋好学，又那么开朗可爱，以至于学校里的老师会毫不吝啬地说："青葵真是个顶聪明的好孩子。"

青葵三年级的时候，家里的情况已有改善，至少妈妈可以待在家里做饭而不必跑到隔壁村里替人洗衣服了。

阿丰在田里干活，晒得很黑，个子不停地长，看起来越发像个大人了。

青葵仍像以前一样黏着哥哥，虽说阿丰不太能陪着妹妹玩耍，但是，每年的学费都是爸爸妈妈和哥哥一点点挣来的啊。青葵一想到这儿，心里只有愧疚。

她也总不愿离开麦田太远，常常坐在树下大声地读书，让地里忙碌的哥哥和爸爸都能听见。

他们也确实都在听着，不时直起身子看青葵一眼，接着又心甘情愿地弯下腰去。

汗水打湿了脚下的土地，读书声回荡在麦田深处……

一年四季，几度春秋，辛勤而忙碌，清贫又幸福。

143

外边来了消息，说国家要拨款资助贫困山村孩子去城里读书。这一年，青葵十一岁，阿丰十五岁。

在老师的极力请求下，领导同意让还在读五年级的青葵去念初中。一家人又聚到一块儿，这一回也都看着青葵。

青葵笔直地站着，又瘦又小的女孩子，神色间有一种出乎寻常的平静："我不想去。"

爸妈脸上的表情都很惊讶，阿丰急了，扳过青葵的身子，问："为什么不去？"

"再过一年，我就可以帮家里干活了，我会算数、会写字，可以帮很多忙。"

"不用你帮忙，你应该去读书。"阿丰把"读书"二字念得很重。

青葵倔强地抿起唇不说话。

妈妈开口了："青葵不想读就不读吧……"话头被阿丰的眼神截住了。

青葵知道，学费虽然是国家出，但是吃的用的，还是要花家里的钱。城里花销那么大，家里好不容易有了起色，又该为她一个人省吃俭用了。

"读书没什么用的，再上一年学，我就不读了。"她鼓起勇气说，然后扭头跑了出去。

月光洒在石板路上，碎银的光像是小溪在流。空旷的天空显得尤其高，尤其广，青葵在这样的天空下奔跑，如同白色流星，落进那片麦子地里。

麦子地里没有灯，但能从水潭里看见掉下来的星星和月亮。

青葵抱膝而坐，想着自己刚刚说的那些话。哥哥应该生气了吧，但她没错，她不该再上学了。家里只有她不会干活，不能挣钱，如果出去读书，还要读上好久才能赚钱，太久了，太久了。

麦田静静散发出令人安心的味道，夏夜的风温暖而干燥。她站起身脱下鞋子，走进麦田深处。脚下的泥土还散发着白日的余温，青青的麦子只到她腰间。她干脆蹲下身子，努力地把头埋进麦子间，像个蜷缩的婴儿一样保护着自己。

直到脚有些麻了，她才重新站起来。转过身，远远地看见有一点儿光在田埂上缓慢地移动着……

先是一瞬间的紧张，下一秒她就明白过来。

"哥！"清脆的声音划过长空。

远处那光点顿了顿，随之加快速度赶来。

"哥——哥——"所有的带着希望和期待的长长呼唤，像一支箭，直直射进麦田深处柔软的土地，渗入每一株麦子的根芽。

长长的田埂上，十一岁的青葵像个怕黑的孩子，抓着哥哥的右手。阿丰左手提着灯，微亮的灯盏像放大了的萤火虫，吸引了一只从遥远夜色中来的飞蛾。

飞蛾盘旋着，向那点光扑去，一下又一下，火焰在灯里摇晃，似乎被撞得发抖。

两人没有说一句话。

而青葵专注地看着那只扑火的飞蛾，良久，小心翼翼地拉了一下阿丰的手。

"哥，我们把灯灭掉吧。"

阿丰停下脚步看了她一眼："不怕黑？"

青葵的目光又落在那只飞蛾上，摇摇头："不怕。"

轻轻的一声响，火光熄灭，月光重新笼罩，像银色的花粉从天上落下来。

阿丰把青葵的手攥得更紧一些，粗糙有力的手掌，宽大而温暖，完全包住了青葵的手。

"青葵，去读书吧。"夜色中，哥哥的声音就像五年前那样坚定。

青葵不作声，脚步慢了、轻了。

家里的事你不要担心，去城里念书吧，不念书将来没出息。

半晌，细细的声音响起，只说了一个字："好。"

哥哥，如果我们能一直这么走下去，该多好。

9月，地里的麦子快成熟了。青葵和另外一个孩子一起，在越来越淡的麦子香气中渐渐驶离了村庄……

妈妈早就为青葵新裁了两件衣裳，体面的蓝色碎花和青色短衫。爸爸特意买了两支铅笔和新的作业本，墨绿色的铅笔上画着浅绿色的翠竹叶，真漂亮。布包里揣着一包埋在地里烤熟了的栗子，一打开就满是香味，泥土和栗子混合起来的香味，时时刻刻让人想着回家。

这一天，来到新学校的新教室里，青葵一直显得很安静，默默接纳着陌生的一切。

课间，坐在前桌的男孩嬉笑着问她："哎，你是哪里来的？为什么要转来这里读书？"

青葵垂下眼睛没有看他，说了村庄的名字，又说："我哥让我来的。"

"你哥让你来你就来？"

"嗯。"

男孩见她低着头反应冷淡，无趣地转过身去了。

青葵在想，为什么要听哥哥的话呢？答案也很明确：因为哥哥总是为了她好的。

晚上，青葵躺在干净清凉的床上，想哥哥，想爸妈，想家里的老黄牛和母鸡，想枣树上的枣……最后，她沉沉睡去了，在梦里回到那片无际的金色麦田，麦田深处响着歌声，是她教会哥哥的第一首歌："风儿吹，起麦浪，金穗子，满地香……"

许久许久，露水一样的眼泪，一点点，打湿了这个独属于青葵的夜晚。

青葵安安稳稳地读着初中，时日久了，老师同学都觉得，除了上课和考试，其他时间里青葵总是一副恍恍惚惚的样子，好像周遭的一切都与她无关。

但大家都无法讨厌这样子的青葵，她那么小，那么瘦，风一吹就该飞走了。齐耳的黑色短发，衬着巴掌大小的脸像纸一样白，而那双眼睛里，似乎总在说着他们无法听到的话。

这个内向忧郁的女孩，真像是一株暗地里生长的了无生气的葵花。

至于青葵自己，全然不知大家是如何看待她的，她只是按时上课下课，勤勉地学习，就这样，渐渐把许多人的成绩都比了下去。

可她自己知道，这些都不重要，她心里一直装着一片无边无际的金色麦田，装着爸妈忙碌得伛偻的背影，装着哥哥在田里挥舞镰刀时嘴里轻声哼的那首歌……她想回去。没有什么地方比得过家乡。

同时，她又真切地爱着这个校园，这里，有每天早晨七点准时响起的铃声，有浮着细腻纹理的木桌，有塞满课本的抽屉，琅琅读书声……可是，这儿没有真正属于自己的位置。

转头望去，天空蓝得仿若一声凝固的叹息。

读书吧，就像哥哥说的那样。青葵最后想。

寒假一到，青葵就马不停蹄地赶回家里去。

冬天的麦子地光秃秃的，只有两年前才架起的稻草人孤零零地立着，静静等着春天，等着脚下的种子发芽，等着解冻的风声鸟鸣声。纵使这等待才刚刚开始。

稻草人身上穿着阿丰最常穿的绿上衣和蓝裤子，威风凛凛。远远一看，总以为是阿丰站在那儿盼着青葵回来呢。

回来的这天晚上，青葵没有睡好。睡到半夜便醒了，见窗外月色明亮，就披件衣服走了出去。

院子里的枣树撒了一地的叶子，像荡漾的水面。除了她，可还站着一个人呢。

青葵走上去与他并肩而立，共同看着这寂静深邃的夜晚，竟不觉寒冷。

阿丰转过头对着她微笑："出去走走吧。"

兄妹俩便有默契地朝田埂上走去。青葵总落后阿丰一步，同儿时的小尾巴一样。

慢慢、慢慢地走着，四周逐渐明亮起来了，寒风也逐渐销声匿迹……就这样，他们走到了那片金色的麦田边。和风掀起温柔的波浪，空气中满是麦子成熟时的温暖气息。四周全是融融光明，找不出丝毫阴霾。

青葵突然拉起阿丰的手，在麦子地中奔跑起来，眉飞色舞的快乐似乎没有尽头。

终于，他们停了下来，已不知身在何处，只有无尽的金黄色的温暖拥紧了他们。

"青葵，你过得还好吗？"阿丰问道。

那声音熟悉得仿佛来自她内心最深处，青葵眼中顿时盈满了泪水。

"不，一点儿也不好。"她无助地回答。

阿丰没有再说话，却始终有一只粗糙温热的手掌，有力地握紧青葵的手。歌声，轻轻地响起来了，反反复复，绵延不断，唱着她所有金黄色的记忆……

"青葵，不要怕，我一直陪着你的。"

这是青葵听到的最后一句话。

青葵从高热的灼烧中醒来，口干舌燥，额上敷着冰毛巾，身上不知压了多少床被子，快喘不过气来。

她掀开被子，跌跌撞撞地跑到隔壁房间里——房里只孤零零地摆着一张桌子，隐约能辨别出桌子正中央摆放的深色木牌……

一切回到那个月色清明如水的夜晚。

十一岁的青葵跑出家门，身后同样急切的脚步声紧追不舍。她不曾回头，只拼命向前跑去，脚步声惊扰了路边草丛里的蛐蛐。

青葵没有朝熟悉的麦田方向，她想找个地方好好躲起来，让哥哥找不到他，让哥哥着急。最后，她躲进池塘边的密密草丛中，夜色成为她最好的掩护。

只是阿丰的脚步声也在这一带徘徊不去，他试探地一声声叫着："青葵，你在哪儿？"

青葵负气不肯搭理，除非阿丰在这儿说出妥协的话才行。然而阿丰只是踱来踱去地想要找到她。他犟，青葵也犟，两兄妹的脾气那么相像。

"哥，你想找到什么时候呀！"如果可以，忍得辛苦的青葵真想一下子跳出来大喊。但她只能在草丛里小心翼翼地挪动有些酸麻的身体。

雨后，草丛深处尽是潮湿，一不留心脚下一滑，青葵只来得及发出一声短促的惊呼，便落进了池塘。

青葵！

阿丰想也没想，一个猛子扎了进去。

破碎的水面上摇晃着破碎的月亮，动荡了好一会儿才渐渐安静下来……

青葵救上来了。哥哥，没了。

——青葵，去读书吧，家里的事你不要担心，去城里念书吧。

哥哥，你是不是想说这样的话？我都知道，你不说我也都知道的。

哥哥，今年我要中考了，你要一直陪着我，才行。

藏在林间的飞鸟成群升起，从羽翼下抖出哗啦啦的声响。

风将金黄的麦子忽地扬起，又落下，连绵的浪潮匍匐在大地上。

不远处的房舍融化成诗意的墨点儿，一条条田埂要将离人牵引回家。

是的，是的，青葵终于回到这个一切开始的地方。

触目全是回忆的风景，亲手做的稻草人在前方等着自己。青葵已经十八岁了。

她的书包里正静静躺着一封红色信笺，她有好多话想说给那个人听，却只是站在麦田前默默无言。

风又在吹了，麦田深处又传来阵阵歌声……哥，那是你在回应吗？

老 人 与 海

老 K

宿舍的一个女生买鞋抽中了一台小小的低音炮，于是我的耳朵开始了它的噩梦。

每个晚上，她都会放歌，从九点持续到十一点多。那种软绵绵的情歌让房间的空气变得甜腻。"我配不上你。""爱你是孤单的心事，多么希望你对我真实。""我知道我们不会有结果。""我可以很勇敢也可以很坚强。"诸如此类的歌词。

我可以把她的低音炮里面的胶丝扯掉，我眯着眼睛想，但终究没有这么做。因为第二天晚上从低音炮里飘出了一首引爆我的记忆的歌。一首老歌，曾在2008年风靡一时。

这首歌在我心里刮起一场台风，而那个台风眼，叫小暴。那个穿着红色毛衣的女孩子。她有一颗总在疼痛的牙齿，但她从来不去看医生。我都记得。

原来我对她的想念已经这么深。

认识小暴是在2009年的冬天，在一间叫太阳雨的网吧里。那年我十四岁，在一个晚上和母亲大吵一架后摔门而去，然后就走进了网吧，找了一个角落坐下。我不知道小暴是什么时候跳进我里面的那个位置的。太阳雨里都是单座黑椅子，但靠墙有一排红色沙发，一张沙发有两台电脑。

小暴说23号是她的专属位置。她常来，所以轻车熟路。她戴着黑色的耳机在桌子上睡着了。起初我以为她只是累了想要趴一下，但慢慢意识到她是真的睡着了。

　　我时不时转脸去看她一眼，然后充满防备地环顾一圈四周，那是因为我第一次进网吧，我没打算要熬通宵的，但我不敢走开，因为我总觉得在这个空气浑浊有上百台机器在散发热量的容器里，一旦有别的什么人发现坐在我内侧的这个女孩儿睡着了，她马上就会有危险。因为这个荒诞的错觉，我忘记了自己同样身处险境。

　　凌晨五点多时她醒了，她非常自然地伸了一个懒腰，红色的毛衣被拉起，露出纤细的腰——她像是在自己的房间醒来，丝毫不知道我这个善良的陌生人为她心力交瘁了一晚上。我对她说，在这种地方睡觉很危险，还有，戴耳机睡觉会让你的耳朵在三十岁前聋掉——我不知道我为什么要跟她重复我妈跟我说过不下一百遍但我始终不屑一顾的话。

　　她笑起来，有点儿嘲讽又有点儿感激的意味，正要说什么，前面的前面有一个男孩子站起来，转头看向我们这边，他几乎是用吼的那种分贝说话："饿死了！小暴你想吃什么？""一份皮蛋瘦肉粥。"她哑着嗓子说，看了我一眼又补充说，"两份。喂，是要两份皮蛋瘦肉粥！"

　　从那以后我们熟识。

　　她似乎很了解自己，但始终不懂得照顾好自己。比如她让我看过的那个大牙上的小洞，她说她感觉到它一天天在扩大。我知道牙痛是一种多么锥心的痛，她说就当是训练自己对疼痛的忍耐力。她不信任任何医生就像我不信任任何理发师——这就是我长发及腰的原因。

　　冬天越来越深。

　　她还是只穿着那件红色毛衣，或者是一件T恤外面套着一件绿色外套，连着一个大大的帽子，很旧的款式，也很漂亮，适合她一贯漫不经心的气质，只是不保暖。她从网吧走出来总是习惯耸着肩膀做萧瑟的表情。

她在公路上说："真冷啊！真冷啊！"我说："活该！谁叫你要风度不要温度。"

我们去"阿妹夜粥"吃宵夜，有一句没一句地聊天，东拉西扯，聊到昏昏欲睡。她喜欢冬天，喜欢冬天的被窝、拥抱，呵出的白气，以及凛冽的空气。她生病的时候，我买药给她。我说："你这样会让你爸爸担心。"她跟我说得最多的就是她爸爸，小时候教她读《三字经》，教她下象棋，带她去麦当劳，还说他一直误以为她最喜欢的食物是热狗、烧鸭、牛肉丸，其实她最喜欢吃的是鸡蛋、豆腐和排骨，但她不好意思纠正他。

我把她带去我家，她半夜起来把我妈做的麻婆豆腐全吃光了，还有剩饭。我妈妈喜欢她，因为她大方爽快，聪明伶俐，也因为她有一副甜美的嗓音。我跟我妈吵架或做了什么坏事不敢回家的时候，都是她帮忙在电话里安抚我妈或向她解释。她总是能在电话里跟我妈谈笑风生，这点让我嫉妒。可是我妈一出门去上班，她马上把我家的音响调到最大声，一首歌一开就是一整天，她最爱的是《老人与海》。

> 翻开尘封的相片
>
> 想起和你看过的那些老旧默片
>
> 老人与海的情节
>
> 画面中你却依稀在浮现
>
> 然而地球另一边
>
> 飞机带走了我的思念呵
>
> 一个人的海边
>
> 海潮循环仍不变
>
> 空荡的世界
>
> 我们之间呼吸少了一些
>
> 老人默默抽着烟
>
> 和我一起失眠

她盘着腿坐在我家客厅地板上，她从来没有对我说过"你是我最好的朋友"或是其他肉麻话。

放寒假她就消失了。

我到处找她，那个给我买过皮蛋瘦肉粥的男生说她已经很久没来了。我问他要了她的地址，他还拿了我的手机存下他自己的号码，说找不到可以打电话问他。

再见到她我发现她更瘦了，脸上有憔悴的神色，嶙峋的锁骨裸露在凛冽的空气里。

"我爸爸生病了，晚上我听到他的咳嗽声。他不肯按时吃药，他总是以为自己健康得很，三更半夜起来看球赛。我已经拼命在卖乖了他为什么不懂事一点儿？"

他们如此相像。

小暴不在的那段日子里，我和阿怪熟稔起来，就是那个帮我们买皮蛋瘦肉粥的男孩子。他常常打电话叫我出去吃夜粥。我在某个晚上，心血来潮想去看海，他不知从哪搞来一辆摩托车示意我跳上去。他把车开得横冲直撞，我迫不得已抱紧了他。我的耳边只有风声，以及越来越近的海潮声。我很高兴他没有问"要不要做我女朋友？"这句话，我觉得说"要"是一件很傻的事情，点头是一个很矫情的动作。但每次见面的时候，他都会牵着我的手。

我也开始整夜睡不着觉，心还是很乱。我盯着天花板，很想给小暴打个电话，但她没有电话号码，因为她不用手机。我终于想到了一个办法。我让阿怪叫小暴的一个同学打电话给她班主任问小暴的爸爸的电话号码。我听到电话那头懒洋洋的声音："谁呀？"

在小暴抱着她的糖果罐醉生梦死的时候，我和阿怪吵了一架，我说："你是不是故意的？她大牙都烂成那样了你还送她糖果，还一次送那么多，你知不知道她可以一个晚上全部吃掉？"

"我不知道她牙齿不好。"他无辜地说。

再然后就是暑假，树上的知了没完没了地叫，小暴又消失了。

我叫阿怪载我去她家找她，我们站在她家楼下喊她的名字，一遍一遍，但无人应答。我用力地拍她家的前门，阿怪在后门拍，也许她在睡觉，想继续赖床，或者不想中断一个美梦，所以装作没听见。又或者因为没心情见人，她跑上了楼顶捂住了耳朵玩掩耳盗铃。这是她做得出来的事。但我心里的恐惧越来越重。隔壁走出来一个神情困倦的中年女人，她说："别拍啦，没人在里面，那个男人赌博输钱被人追债，带着他女儿跑火车了。"

她离开以后，我强迫自己去接受新的学校新的朋友新的生活，假装期待自己成为一个更加美好的自己，或许我就是一个幼稚鬼吧，我希望有人抱紧我，握碎我，毁灭我。

我想滤出所有疲惫生活中的英雄真梦献给那个已经离开的故人。

开 到 荼 蘼

泪 安

顾朗说他的心事并不明朗。当然我记住顾朗也不只是因为名不副实的"朗"字。

这句话说在我和顾朗认识的三年之后，如果说别人的青春都是一场纸上的逃亡，看着伤痕累累其实日久而渺渺，那么我的青春，就是独自窥探顾朗的颠沛，为期三年。

他又说，年轻的东西都可以反悔，做不得数的。

前后两句，始末颠倒。在我和顾朗的告别和初始，他就用这两句话，堵住我时至今日都未曾出口的狂言。

于我，总是一个俗套的暗恋故事，于顾朗，策马奔腾过我的青春却毫无所知。

人和人之间的缘分牵绊大抵都是另一个人的美好强加，顾朗于我，就好像杜撰出来的相逢，萍水匆匆我却赋意深深。历史晚自习，由于肚子疼脾气暴躁一直和同桌吵嚷不停，为了发泄我将课本的空白页哗啦撕成条，然后画上大乌龟，一只一只地贴在前桌同学的背后。

好脾气的同学任我摆布，虽有发觉仍是继续埋头做题，直至班主任查课，突如其来一记响亮的敲头并训话，于是我只得悻悻地将前桌同学后背的纸条一一撕下。全班同学碍于班主任的威严仍是憋不住笑声朗朗。班主任卫生球眼瞟了过来，末了把他喊出去谈话。

"顾朗，你出来一下。"

惴惴不安地等着他再次回到教室，本想恶人先告状怨他一直埋头写字任我出丑，还未开口，他的声音温温润润地传入耳畔："你肚子还疼吗？"

仿佛突然被击中，然后哑口愣住，嘴唇微张。

顾是照顾的顾，朗，是明朗的朗。那是我记忆中最好听的名字。

那时起，顾朗二字便成了任性妄为的我再难以出口的心事。

而那一夜，好梦香甜。

彼时的顾朗，经常有女生递来粉色信笺，顾朗并不在意，信笺胡乱塞在抽屉里露出粉色的一角，里面的文字未见天日便随着每周一次座位的调动而不知走向，我常常鄙夷地说顾朗瞧不上别人的心意，他则递过每日常规的奶茶："有什么好认真的，男生的世界本来就没有那么多唧唧歪歪。再说了，现在说的喜欢又做不得数，充其量就是像女生热爱韩剧那样获得内心的自我满足而已。"

我惊呆顾朗这番理论却又无法还口，顾朗见我表情古怪又凑过来补了一句。

"喏，这个奶茶三块五，我居然请你喝了一个月的奶茶。你赔。"

彼时一个喷嚏迎着他的脸响亮地跳了出来。

顾朗嫌弃地望着我，除了赶紧掏出纸巾擦脸之外也并未责骂。

奶茶温热，我用力吸了一口，便又拿出作业埋头苦学。

以为借过一支笔，就成了朋友，以为抄过一份作业，便可以无话不谈。我不清楚是所有人的中学时代都这样，还是仅仅是我对顾朗的一厢情愿。

我说不出口的，是连同那些粉色信笺一样，无处安放的心思。

真心话大冒险的时候，他戏谑地说有个低年级的妹子给他持之以恒地发晚安，自以为深情，实则他偷偷换掉了电话号码。

我们大笑着说他此举卑鄙，冷酷无情，然后我偷偷删掉了自己日夜编辑却不忍发出的早晚安短讯。

作为惩罚，顾朗一口气喝下一整瓶雪碧然后嚷嚷道这年头认真就输了，随即目光掠过我，又迅速地撇过头逃开。

游戏中途，我被抓住完成一个真心话——在座里面有没有我喜欢的异性。

手足无措，然后目光炽热望着顾朗涨红了脸。好友打趣地说必须抓个现行，气氛高涨。

"当然有。"顾朗的声音毫无拖沓地亮了出来。

我表情复杂举起大杯可乐一饮而尽，顾朗两个字就在心底盘旋上涌急不可待地想要脱口而出，却又百般无力地沉了下去。起哄声中，顾朗迎着我的方向过来，离我越来越近，然后，心扑通扑通跳动的时候，他擦过我，然后牵住我身后人的手说："那我答应你的告白好了。"

是顾朗替我拦下了这个问题。还未反应过来，眼前身影一闪，顾朗便紧紧扯着女生跑了出去。

他还没有正式地牵过我的手。当然这是题外话。这场真心话的游戏里，他选择了大冒险，然后，一瞬间就成了别人家的顾朗。

离我好遥远。

亦从那时候起，顾朗正式成为早恋大军中的一员。

此后，顾朗的手机总是嗡嗡震个不停，吵到我听课的时候，我就伸直腿狠狠地踹他椅脚。

顾朗回头，然后眼带笑意说别闹。

此时的顾朗和我想象中温雅书儒的形象相差甚远，再次接到顾朗的纸条时，我总是不愿当他面打开，佯装听讲，不予理会。

嬉皮笑脸的顾朗，好像才是真正的样子。顾朗的口头禅是"认真就输了"。

然而没过多久，顾朗的恋爱便夭折在高考动员大会之中，顾朗耸了耸肩，无所谓地说："你看，其实我也弄不明白大家为什么要谈恋爱，大概青春期不做些与之相符的事好像就不叫青春。"

157

那你为什么不和我谈。我在心里暗暗想道。脚上却踹他椅脚更加用力，不小心踹到顾朗的脚让他在自习课上大叫。

我扑哧一笑，结果便是两个人被老师罚到班级门口"看落日"。

这当然是从顾朗嘴里才能听到的形容词，橘色的晚霞染得半边天如画中一景，光线洒在身上温温暖暖。

"喂，你看，今天的落日格外好看。"

"我们是来罚站的耶！"我没好气地回应着。

"嘘——你不要破坏我心情。"顾朗竖起食指比在嘴唇中间。

"凡事不要太认真，而你，大概是太认真，所以我不得不比你更认真。"我一门心思担心着班主任会不会请我爸妈来校喝茶，故放任顾朗在一旁自言自语。

刚好一只麻雀立到阳台上，又扑腾着翅膀仓皇飞起。

春暖尤寒，顾朗的志愿是地图上离我很远的繁华都市，他在玻璃窗上呵气，然后用手指划出我的名字。

他说，以后纵使相隔万里，也会漂洋过海来看我。我仍然记得他那时满怀信心的样子。他说："你等着吧。我会回来的。"

不一会儿，玻璃窗子又结满了雾气，蒙住了之前的痕迹，徒留淡淡的阴影。

高三的模拟考，全校放假，我以高中三年最高分摘冠，洋洋自得的时候，顾朗叼着奶茶吸管荡了过来。

"有什么好得意的，九校联考都是故意放水的，题型容易，批分松，不就是为了给你点儿高考的信心嘛。"

顾朗趁我脾气大发之前从兜里迅速拿出一道平安符紧接着说："那你肯定信这个，菩萨面前开过光的，喏，送你。"

顾朗的个子高，手掌也整整大我一圈，平安符上布满了朱砂的鬼化桃符，新社会还有如此迷信的东西让我忍俊不禁。然而我真的相信，相信这只手的主人正在给予我莫大的勇气。

"顾朗，算你识相。"我藏不住笑意，却偏偏嘴硬。

在无数个夏天结尾的时候，我总能想起这一季最喜欢的衣服和鞋子，或者耿耿于怀来不及买下的配饰和小玩意儿，我保留着这样的喜欢同时更新着四季交替，然后终于也忘了某年某月我曾爱不释手的白色裙子放在了何处。

那个夏天依旧如是，只不过，总有一张带着笑意的脸庞在我脑海若隐若现。

他像火烧云时的暖色晚霞，也像冬日里的凛冽寒风。我常梦见那个身影摇摇晃晃向我的方向跑过来，却径直越过我，跑去我看不见的视线盲区。

荼蘼不争春，寂寞开最晚。顾朗说，花开荼蘼，都是会在夏天里全部结束的心事。

我所知道的顾朗，看待事情超级理智。

后来，我和顾朗躺在操场的草坪上看星空，看那些闪亮遥远的星星成为世间美好的代言词。

顾朗侧头："喂，你真好看。"瞳孔仿佛能看见星辉斑斓。

"你说的是真的吗？"

他笑着把脸侧过，埋入这寂静的月色之中。

159

酱菜和寿司

李雨丝

"让开，这是我的位置！"

教室里，我背着书包，站在传说中"校长的儿子"面前气势汹汹地呵斥道。

前些日子我去三亚玩，菠萝告诉我我的座位被老松献给了新来的同学。这位同学不仅打着"校长儿子"的名号，而且刚刚从日本回来。说实话，我当时对他还有点美好的期待，真没想到一见面我们就发生了冲突。

事情是这样的，我来到学校，本打算服从组织安排搬到最后面坐，可是在我回去找我藏着的芒果王时，发现它们竟然都没了！我一气之下喝令他让出我的座位——就算是校长的儿子也不能随便喝别人的饮料！

"不就七盒芒果王吗。"眼前，这个头发、眼眸、心眼通通乌黑的男生手插口袋耸耸肩，"喝那么多兑好的化学水不利于发育。"

他怎么这副不屑的模样？我愈加气愤地重复说："让开！"

可是校长的儿子只是看着眼前摊开的一本漫画，无视我的愤怒。

我刚要蓄好力气大爆发，我的同桌——那个瘦瘦小小的男生，突然就带着哭腔说："酱菜，你坐我这里吧……我也喝了你的芒果王……你别发火……"

我一下子尴尬地立在原地。

"是我请他喝的芒果王。"校长儿子一手托着头，揶揄地看着我，"我请周围的同学都喝了。你知道，我要搞好邻里关系嘛。"

"那为什么要用我的芒果王啊！"我涨红着脸心里喊道。

虽然我的内心极度不愿屈服于这种人渣，可是我又怕小同桌被我吓哭。结果就在我们的僵持中，我的小同桌已经飞快收拾好东西逃也似的搬到后面了……

眼前晾着空空的座位。我犹豫了很久，还是把书包潇洒地甩了上去，霸气十足地坐到了他的旁边。

"我是寿司。"他伸出手，嘴角扯了起来，"你的新同桌。"

6月有一场全校一年一度的舞台剧大赛。舞台剧涵盖歌舞、表演、朗诵、布景等多种元素，排演舞台剧所需要的团体协作也可以凝聚班级力量、培养合作精神，舞台剧便成了每年最重头的活动。

老松给我们通知了比赛的消息，整个班都开始按捺不住的兴奋。

"我可啥都不管啊，"老松一贯吊儿郎当地说道，"你们学生的比赛就你们自己折腾吧。"

他看向我身边的寿司："寿司以前在日本是话剧社的，我们班这届的舞台剧比赛就由你来负责吧。"

这主意老松刚说完我就想抗议，可是我的抗议湮没在教室里一片鼓掌和喝彩声中……还没拿奖你们喝彩什么！我恼怒地想。

不得不说，这段时间以来，寿司一直是全班的中心。他从日本带来很多新鲜有趣的东西，整个班级都为他的到来沸腾了。

只有我成了孤岛。独独这一次，因为寿司，没有人再关注我去哪里旅行了。菠萝象征性地来听我讲了一下三亚的经历，便迫不及待地和其他女生戴着猫耳去自拍了……

寿司当天就在班会上宣布了排演古希腊神话里Echo爱上Narcissus的

故事。就在我觉得他过于独裁时，我的闺密菠萝首先说了一句："真是个好主意！这个故事很适合演成舞台剧。"

……

不得不承认，我是很喜欢Echo，也觉得这个主意很棒。可是放学后，我还是把菠萝拉到小角落，义正辞严地对她说道："和我报复寿司吧。"

同时被我拉来的还有我的另一个朋友方格。他和菠萝听着我慷慨激昂的控诉指责，一下子被我的情绪感染了。

"你说得对！"方格扶扶眼镜，"得给他点儿教训！"

"不就校长的儿子吗！他以为自己多厉害？走出这间学校他什么都不是。"菠萝一针见血地说道。

我喜极而泣，当场和他俩策划出几套整蛊方案。

第二天，我打算再找菠萝商量方案的事儿，却发现这丫头竟然开始躲着我！一下课她就没影儿了。几次打算一打铃抓她个现行，却发现她早已先行一步逃走。

我心觉不妙在厕所门口设下埋伏拦截住了她。

"干吗躲着我？"我把脸逼近菠萝，造成一种压迫。几个来上厕所的小学妹看到这个情景吓得一声不吭地跑了。

我一生气，气势还是很足的。我的邻居都亲切地叫我"生气的酱菜"。

"酱菜，对不起……"菠萝双手合十讨饶道，"这绝不是背叛喔！绝不是！但你知道，他给了我限量版的航海王马克杯啊！我不能对不起他这份恩情啊！我以身相许都还不了啊……"看着菠萝一副"窦娥冤"的模样，我"呸"了一下："菠萝，做我酱菜的朋友，怎么连这点儿骨气都没有？"

看着菠萝，我的怒火慢慢化为悲伤。

"原谅我吧！酱菜，除了寿司，是谁我都敢替你去做……"

"做什么做啊！我又不是杀人犯！"我喊着离开了菠萝，伴着铃声，大步走出女厕所。

我觉得那一刻我眼里简直满含泪水。

不用想，一天都没见到的方格也被收买了。"今天早上，寿司送给他一套拍立得相纸呢。"他同桌绘声绘色地对我描述。

好吧。众叛亲离，孤军奋战。

我的心情五味杂陈，回到座位，发现寿司在有趣地打量我。那"跟我斗你还嫩点儿"的八个字分明就实实地写在了脸上！

"我家有一箱芒果王，你想要吗？放学可以来拿。"

还想贿赂我？我又不是乞丐，去你家拿芒果王。我不卑不亢地沉声道："小人！"

寿司扯起嘴角，黑色的眸子闪闪发亮："酱菜，你确定不要？是全新配方的。"

"不！要！"对于他，绝不屈服！而几乎就在同时，我的心里呐喊出四个字："此仇必报！"

163

拟定演员是排演一场剧很重要的一个步骤，它关系到整部剧的进展和质量。

"像Narcissus那样的美男子，当然只有我能演喽。"寿司漫不经心地对我说。我当时厌恶地白了他一眼，心想，这自恋的水平还确实演Narcissus再合适不过。

"而你吗，"他打量着我，"你就只能演宙斯那个爱生气的老婆赫拉。"

为什么好好的古希腊神话故事被他一讲就成了一部三流的言情泡沫剧呢？

说是那样说，寿司还是在班里进行了小规模的演员筛选。男生们演起戏来个个傻乎乎的，最后还真只有寿司适合演Narcissus。而Echo则

小江湖

由我们班身材娇小，面貌宛若天使般可爱的小花来扮演。

寿司安排我去道具组准备道具，本来我想拒绝，但转念一想加入剧组可以进一步接近寿司，亲手设下陷阱来报复他，便欣然同意了。

"唉，没办法，你也只能负责道具。"他对我那恨铁不成钢的神情真是让人怒火中烧。

舞台剧如火如荼地排练起来，全班一半以上的人都参与了进来。每天放学，我们都跟搞运动似的，挪开课桌，腾出空地，斗志昂扬。寿司是整个场面的总负责人，他既要给别人的表演做指导，也参与道具组的讨论，自己完全不练习。

他刚给小花教完一首独白歌，我举着拖把阴阳怪气地说了一句："自己不练习就知道指挥人。"他听到后，非但不生气，反而走到我的面前，抬起下巴，嘴角牵起一抹似有若无的微笑："我可是留洋归来的表演天才。"

"天才需要练习吗？"他骄傲地目光朝下瞥着我。

"诅咒你嘚瑟忘词！"我恶狠狠的说。他不以为意地耸耸肩，插着口袋离开了。

当天排练结束，几个演员因为对戏很成功，高兴地相约一起去吃饭。

"我知道一家日本料理蛮正宗，人均也不贵。"寿司提议道。有人没吃过日料，立马表现出极高的兴趣。

"你来吗？"寿司背起书包问我。

"我干吗要去啊！"

"唉，可惜了。"他夸张地叹了口气，"那里的三文鱼寿司和拉面都很正喔……"

寿司？我突然想到自己一口塞进寿司拼命嚼的模样……唔，吃寿司，把"寿司"吞下肚！我一下子因自己天才的想法忍不住笑出声，举起手便对寿司说："看在你这么诚恳的份上，我还是去好了。"

寿司一上桌，我伸手就去拿。在这样一间和风浓郁的日料店里，我们坐在地板上，围着眼前木质的矮桌，大家都沉浸在良好的古典气氛里。而我伸手去抢寿司的行为完全破坏了这高雅的氛围。

我把一个不知道什么口味的寿司塞到嘴里，吧唧吧唧开始嚼。这嚼法饱含着我对寿司同学的怨念和仇恨。

"啧啧啧。"寿司一只手伸出食指晃着，另一只手无奈地扶住了额头，"太失礼了，太失礼了。正确的吃法完全不是这样啊。"

我对日本文化不了解，根本不知道吃日本料理有什么奇怪的礼节。听他这么一说，我才注意到身边同学都在用一种嫌弃的目光望着我。一大圈人里只有我一个人动手吃了端上来的寿司。

这么多同学在这儿，我好像干了什么不得体的事情……

我不禁脸红又不好意思地问："是吗？"

"当然了。"寿司重重点头，"呐，我来教你正确的吃法吧。"

我红着脸飞快地点点头。

"用食指和大拇指单手拿住寿司——哎，食指和大拇指再伸长一点儿，完全地拿好——很好，食指的那一面沾点寿司酱，另一面涂芥末——喔，其实多涂也没关系啦，寿司可以中和芥末的味道，这也正是寿司的精华所在——对，就是那样，然后保持端庄的姿势，张大嘴，啊——伸进去——很好，很好，可以咬了。用力才有口感。"

我一边疑惑地看着寿司，一边用力咬了下去。

"啊——"我尖叫出声。

我咬到了自己的手指头！

"哈哈哈哈哈……真是好蠢……"寿司拍着桌大笑起来，已经完全失去了平日里傲慢的模样，眼睛都眯成了缝儿。

我明白自己被愚弄了，愤怒地把寿司扔到嘴里，狠命地咬。

"噗——"没嚼两口我瞬间满脸涨红。辣死我了！我把嘴里的寿

165

小江湖

司全都吐了出来。芥末放得太多啦！

"酱菜你好恶心哦。"寿司嫌弃地看着我的桌子，厌恶地摆摆手。其他同学也开始狂笑，有的甚至没良心地笑倒在桌子下面。

那一秒，我真想与他同归于尽！

而随着"咔嚓"一声响，我们著名的"摄影师"方格同学已经用他的卡片机记录下了我像小狗一样哈哈吐着舌头的模样。

我的眼里满是泪水，分不清是芥末还是悲痛！

我在心里默默再次放言：此仇必报！

日本料理过后的一个礼拜，舞台剧已经基本成型。而我也在寿司事件后，精心策划了报复寿司的方法。

我们道具组的道具中，表现湖水的布景非常美。在这面"湖"前，Narcissus会爱上自己的影子，对着自己的影子表白，跟自己的影子陷入爱恋并最终因为得不到所爱之人憔悴而死。

演出的时候，这面湖将呈现出波动的状态，而投影仪会在正面布景上倒映出Narcissus——也就是寿司的模样。

我已经申请负责投影，我会把PS后的寿司猪头照倒映上去，让他跟自己的猪头谈恋爱。到时候，全校师生都会笑话他的模样，好叫他尴尬地站在舞台中央下不来！

我觉得自己这个点子简直太邪恶，邪恶到我还没做就有点儿愧疚了。但一想起寿司事件，我又劝自己不要心软。

在正式彩排前的最后阶段，寿司用他"校长的儿子"这个爵士头衔借到了礼堂。本来是件好事，没想到礼堂空调温度太低，小花体弱多病，排练过后竟然感冒了。

第二天，她拼命吸着鼻涕，嗓子也嘶哑着唱着独白歌。全剧组的人都愣呆了。

原本有条不紊的剧组一下陷入了慌乱，就连寿司都皱起了眉头，看着剧本发呆。

不过没多久，他就恢复了精神，拍手叫大家继续往下演。这时候，他走到我身边，半分认真半分戏谑地说："酱菜同学，来做拯救全班的正义使者吧。"

"啥？"我当时手里折着的正是他的猪头照，一时间没明白他的意思，警惕地问。

"你来演Echo吧。全班也就你能演了。"他手插口袋，耸耸肩膀。

"……啥？！"我叫道。

寿司说，在所有跟进排练的女生中，只有我的体型和外貌适合演Echo。"虽然你天赋不够，"他在这种时候仍然不忘损我两句，"但是靠后天努力应该也能演个八九不离十吧。"

我愣在原地，不知所措。

说实话，别看我平时横冲直撞，吓坏小男生小学妹，实际上我很没有自信。寿司最初筛选女主角的时候，我因为喜欢Echo也很想演。最终没有报名的原因，一半是因为寿司，另一半，是因为我觉得自己根本配不上"女主角"这样优雅的称呼。我并没有演过戏，也不是什么留洋归来的表演天才。

这时候，其他同学也明白了寿司的意思，都来劝我快点背词练习。背词倒不是问题，这半个月下来我也记差不多了。主要是……

"酱菜，你要是敢拒绝，我就把寿司店拍的照片发到学校的网上。"方格煞有介事地威胁我道。

"没关系，酱菜你别担心，寿司很会教人表演，你只要答应就可以了。"小花也来劝我。

我犹豫着，在说不清的理由中，终于还是点头答应。

大家都高兴地上来抱我，混乱中，我仿佛看到寿司松了口气。

我很快加入到练习中，寿司一直在我旁边看我表演。可是效果似乎不太好，他总是挖苦我。

排演结束后，寿司约我和他一起去广场。

"干吗？"我因为排演受挫，有点郁闷，没好气地握住书包带子。

"行了，演得不好，问题还那么多。"他毫不温和地说。

不过我还是跟着他去了。

此时的广场，亮起一盏盏光芒柔和的灯，一群老太太老爷爷带着孙子在广场中央休息、散步，几撮老人围在一起打拳跳舞。

我奇怪他带我来干吗？跳广场舞？看不出来，这小日本口味还很独特啊……

我们找了一个长椅坐下，一个大爷看到寿司便热情地打招呼："又来练词儿啦？小年轻真有精力啊！"

寿司冲大爷摆手笑。

我这才反应过来："你每天排练结束后还要来这里练词？"

他刚刚还对大爷笑盈盈的，转头看向我又变成了那副讨厌的嘴脸："这里不到熄灯可是不会安静。你就好好地跟师傅学表演吧。"

他把剧本塞给我，我自觉地翻到最难演的独白那一段。

不得不说，寿司真的为这次舞台剧付出了很大的精力。我心里不情愿地想。

剩下的三天，我都跟着寿司，每天练到十点半广场熄灯。我们甚至把早读翘了跑到操场练表演。

终于，我正式参与了剧组的彩排。特意来看我表演的菠萝激动地一把抱住我："认识你这么多年都没发现你有这本事！拿奥斯卡奖以后可别忘了我啊……"

我"喊"地打她一下，"还没比赛呢，拍什么马屁。"

不过好歹，寿司也对我的表现很满意。他还穿着Narcissus的服装，长长条条的，走到我旁边说了句人话："还不错。"

我刚有点沾沾自喜，他又补充道："没办法，师傅太厉害了。能告诉我你师傅的大名吗？"我想都没想拳头落在他的身上。

不用说，正式比赛非常精彩。虽然表演全程我都紧张得脸颊发红，给我化妆的菠萝说我腮红都不用打了。可我还是完整地演了下来。

当我们手拉手谢幕的时候，台下爆发了来自全校最热烈的掌声，校长很满意地点着头，一颗光头闪闪发亮。

我走下台，一群小女生激动地涌过来，她们脸颊绯红地对我说："学姐比海报好看多了！"

"是啊是啊，真人更好看呢……"

我微笑着一一点头致谢，没有辜负"女主角"响当当的称号。

回到班里，我们激动地巴不得跳上桌子吼上那么半个小时。演宙斯的男生使劲甩着他的长袖装吼道："庆功宴！庆功宴！"

我也激动得坐立难安。脱离来自学妹的崇拜轰炸后又开始被自己班的女生们包围赞美。

"酱菜今天好美。"

"就做这样温柔的酱菜吧，简直就是万人迷。"

"温柔的酱菜果然只有今天才能见到吧……"

……

好容易挨到放学，班里终于人潮散尽，听说要去哪家店开庆功宴，可是我得卸了妆才能走。

这时候，寿司突然出现在我的眼前，将饮料递给我，不用看我也知道，上面写着我再熟悉不过的"mango king"。此刻的他，在我眼里已经没有那么坏了，甚至有点儿小帅。要不是他，我不可能站在舞台上演那么美丽的森林女神。

他看我乖乖接过芒果王，突然不怀好意地展开一张彩印纸。

我的脸唰地就红了。

纸上是PS后的寿司猪头照。

"女生心眼太坏可是会变丑的。"他不经意地说，斜眼瞅着我，似笑非笑。

我的脸一直红到脖子，觉得又窘迫又难堪。我不好意思地看着他。他的包容和努力已经磨平了我所有的戾气，对于之前对寿司的一切误会和敌对，我只想说一句对不起，然后再说一声谢谢。

可是我"对"字还没说出口，寿司突然坏笑着补充了一句："但是啊，男生心眼儿坏起来就会很帅咯。"

我好像突然反应过来点儿什么。

我愣在原地，盯着寿司的表情。

——"学姐比海报好看多了！"

——"是啊是啊。真人更好看呢……"

我提着Echo的花边裙摆就冲出了教室。

布告板，布告板。我一张张海报找过去，终于找到了我们班的海报。刚看到它的一瞬间我就气炸了，海报上的Echo，被p得好像猪一样圆、猪一样丑……手法和我p寿司照片用的一模一样！我惊呆在原地，说不出话来。

我的脑海里浮现出寿司最后的坏笑，那抹傲慢，那抹自得，那股不可一世的气质。

这表情！就是这表情！

我由呆转羞，由羞转怒，一下子醒悟过来我们之间的敌我关系、阶级对立！虽然纵观全局我明显占下风，手中没有他的任何一丁点把柄，但我还是鼓着自己被涂得五颜六色的脸，用尽全身气力冲着教室方向叫嚣道："寿司，你给我等着瞧！此仇必报！"